# Relazioni: sei sicuro di volerne una?

## di Simone Milasas e Brendon Watt

Relazioni: sei sicuro di volerne una?

ISBN: 978-1-63493-371-1 (trade paperback)
ISBN: 978-1-63493-372-8 (ebook)

Per domande per favore contattare:
Access Consciousness Publishing 406 Present Street
Stafford, TX 77477 USA accessconsciousnesspublishing.com

*"Non cercare ciò che ti renderà felice. Sii felice solo per divertimento."*

Gary Douglas

# Prefazione

Gli autori di questo libro, Simone Milasas e Brendon Watt, sono due delle persone più coraggiose che io conosca. Essi hanno una relazione che riguarda la creazione ed il contributo continuo l'uno per l'altra e per il mondo attorno ad essi.

Ciò che stanno creando e ciò di cui parlano in questo libro non è normale. Se stai cercando un libro che ti dica che cosa hai bisogno di fare per avere la relazione perfetta e che cosa hai fatto di sbagliato, questo non è il libro che fa per te.

Ma se ti sei chiesto come sarebbe avere una relazione con un partner, con i tuoi amici o con te stesso, che ti permetta di creare più possibilità in ogni area della tua vita, allora potrebbe essere il libro che ti invita a questo.

Brendon e Simone sono stati disposti a guardare ad ogni aspetto di loro stessi e della loro relazione ed hanno la vulnerabilità per condividere tutto questo con te, in questo libro. Non ho visto molte relazioni che funzionino davvero, figuriamoci una relazione che io ammiri.

Ciononostante, quello che essi stanno creando è tutto questo e molto di più.

Sono onorata di essere loro amica ed essere continuamente ispirata da ciò che mi hanno mostrato essere possibile in una relazione nella quale la vera cura amorevole, la gratitudine e la creazione sono il trampolino di lancio per avere di più. Grazie a questo esempio sono cresciuta. Vengo potenziata a scegliere qualcosa di completamente diverso dato questo esempio. E dopo aver letto questo libro scommetto lo sarete anche voi.

*Emily Evans Russell*

# Indice

# Introduzione

Moltissime persone credono che la felicità dipenda dall'essere in una relazione.

In verità, non sei costretto ad essere in relazione con un'altra persona per essere felice. Puoi semplicemente scegliere di svegliarti felice ogni giorno.

La relazione non è la fonte per la creazione della tua vita. Tu sei la la sorgente della creazione. Tu sei lo stimolo per il cambiamento. Tu sei colui che può creare la vita che veramente desideri e tu sei colui che ha creato la tua vita, così com'è attualmente.

Se desideri avere una relazione grandiosa, che sia con qualcun altro o con te stesso e non sei stato in grado di crearla finora, per favore non rinunciare.

Come sarebbe se esigessi da te stesso e chiedessi all'universo di cominciare a fare una scelta diversa? E di smettere di giudicarti? Non importa dove tu sia adesso, le cose possono cambiare.

Nel passato, entrambi abbiamo avuto relazioni che erano abbastanza orrende e in vari modi abusive. Quindi, quando ci siamo messi insieme, nessuno di noi due era disposto a stare in una relazione che non stesse funzionando. Ci siamo presi l'impegno di usare gli strumenti di Access Consciousness® ogni volta che ci fossimo bloccati. Non è stata sempre la cosa più facile da fare. Alcuni degli strumenti ci mettono davvero a disagio, nonostante ciò li abbiamo usati per creare una relazione fenomenale.

Per noi la relazione non riguarda la tranquillità o la sicurezza. Per noi la relazione riguarda la gentilezza e la cura amorevole e potenziare sempre l'altra persona ad essere più grandiosa, anche se ciò significa che potrebbe andarsene!

Una relazione non deve per forza essere per sempre. Ogni giorno è un nuovo giorno. Ogni giorno riguarda il cosa puoi scegliere oggi e cosa possiamo creare insieme.

Non diciamo che facciamo le cose nel modo giusto, perchè non è così. Semplicemente abbiamo gli strumenti di Access Consciousness e li usiamo per creare maggiori possibilità e maggiore intimità ogni giorno.

Questo libro riguarda la pratica della relazione e di come una relazione può veramente funzionare a tuo vantaggio. È stato scritto da entrambe le nostre prospettive, così potete avere il punto di vista dell'uomo e della donna sull'essere in relazione.

Se state cercando una risposta, ci dispiace. Non c'è una risposta.

Non parliamo molto di amore e romanticismo, offriamo molti strumenti e domande che puoi usare ogni giorno. Gli strumenti nel libro funzioneranno a prescindere da quanto digrignerai i denti mentre li usi. Come abbiamo detto prima, a volte questi strumenti ci hanno messo davvero a disagio. Ma funzionano.

Essere in relazione non è sempre semplice. In questo libro abbiamo voluto mettere tutte le carte in tavola e parlare di tutte le cose che siamo stati e che abbiamo fatto nella nostra relazione, tutta la gioia, tutta la potenza, tutta la frustrazione. L'abbiamo creato come un invito per te, per essere sincero con te stesso mentre pensi alla tua relazione.

Sei uno dei coraggiosi. Hai aperto il libro. Allora prendi ciò che puoi da esso. E, per favore, divertiti con esso e goditi la tua relazione!

*Simone e Brendon*

# PRIMA PARTE
# RELAZIONI: UN MODO DIVERSO

# CAPITOLO 1

# Pensavo di essere single per sempre

### Simone

Quante relazioni grandiose vedi attorno a te? Non intendo relazioni che durino tanto. Sto parlando di relazioni di cura amorevole, nelle quali ci si potenzia a vicenda per essere tanto grandiosi quanto si può essere. Se sei onesto, non ce ne sono poi così tante.

Questa cosa la sapevo bene. Quando si trattava di scegliere una cattiva relazione, non ero diversa dagli altri. In passato ero molto conosciuta per uscire con uomini che giudicavano me ed il mio corpo. Quell'energia corrispondeva ai giudizi che avevo di me. Quindi, se questi uomini giudicavano me ed il mio corpo, allora i nostri giudizi erano l'abbinamento perfetto!

Inoltre non ero disposta ad essere abbastanza vulnerabile per ammettere che la gentilezza e la cura amorevole esistessero davvero su questo pianeta. Quindi, per molti anni, ho rifiutato di avere una relazione.

È stato facile giustificare questa decisione poiché, guardandomi attorno, non vedevo alcuna relazione grandiosa. Quindi, perchè ne avrei dovuta scegliere una? Da qualche parte nel mio universo pensavo che sarei rimasta single per sempre.

Il mio più grande desiderio nella vita era di creare qualcosa che avesse un impatto sul pianeta e cambiare il modo in cui le persone si percepivano e giudicavano l'un l'altra. Dato che amavo viaggiare per il mondo, pensavo che avrei avuto il mio business, dal momento che ritenevo il business essere la cosa più divertente e creativa da fare. Viaggiare e fare business erano le due cose nella vita che desideravo di più fin dalla più giovane età. Decisamente non volevo sposarmi ed avere figli, sembrava qualcosa di troppo difficile. Non ho mai capito come avrei potuto guardare qualcuno e dire:"Vorrò ancora stare con te tra vent'anni o cinquant'anni". Come puoi sapere se vorresti ancora vivere nello stesso paese tra vent'anni?

Il mio incontestabile punto di vista era: "Non avrò una relazione. Mai.".

Puoi sentire la domanda in questa frase? No, perché non c'è. È una decisione conclusiva fatta e finita.

Ed ogni conclusione è un'immensa limitazione. Ovunque giungi ad una decisione conclusiva riguardo a qualcosa, tagli fuori dalla tua vita le infinite possibilità.

Permettimi di fare un esempio. Se qualcuno è giunto alla conclusione di essere strettamente vegetariano, sta creando un mondo senza scelta. Non sto dicendo che debba mangiare carne. Se sei vegetariano per scelta, ogni giorno puoi dire: "Preferisco non mangiare carne oggi. Preferisco essere vegetariano.".

È una scelta nuova che fai ogni giorno. Non mangi la carne ma non l'hai eliminata come possibilità dal menù delle scelte disponibili.

In modo simile -scegliere di essere in relazione o meno- consente possibilità più grandi nella tua vita.

Dicendo: "Io non starò mai in relazione", avevo eliminato la possibilità di avere una relazione grandiosa, nutriente e potenziante.

Non mi accorgevo che stavo funzionando da un universo senza scelta, fino al giorno nel quale ho avuto una conversazione col fondatore di Access Consciousness®, Gary Douglas. Stavo parlando con lui riguardo al fare sesso con una persona che conoscevamo entrambi.

Gary disse: "È una persona cattiva e ti giudicherà.".

Io risposi: "No, è carino e bello".

Anche se non cognitivamente, quest'uomo avrebbe convalidato tutto ciò che avevo già deciso essere sbagliato di me. Avrebbe giudicato me ed il mio corpo nello stesso modo in cui lo facevo io. Era esattamente il tipo di persona con la quale mi legavo ogni volta, senza pensare al perchè scegliessi sempre quel tipo di uomo.

Gary continuò a farmi domande riguardo a quest'uomo col quale volevo fare sesso e più lui faceva domande, più diventavo scontrosa ed infastidita.

Alla fine misi le mani sui fianchi e dissi: "Fantastico! Quindi non riuscirò mai più a fare sesso?".

"Perchè dici così?", rispose Gary.

Lui insistette, elencando tre persone che, disse, sarebbero state felici di fare sesso con me. Le scartai, perché non mi erano neanche mai passate per la testa.

In seguito scoprii che il mio punto di vista era che chiunque fosse entusiasta di fare sesso con me fosse un perdente. Il fatto stesso che volessero fare sesso con me -così avevo deciso- li rendeva non attraenti. Vi suona familiare?

Se qualcuno *non voleva* fare sesso con me e soprattutto se mi giudicava, li consideravo dei vincenti. C'era un terzo gruppo di persone, quelli che 'non contano'. Erano uomini che non mi correvano dietro e non mi resistevano. Semplicemente non contavano.

Ad un certo punto avevo creato queste categorie nella mia mente e ci mettevo automaticamente gli uomini che incontravo. Stranamente, non era qualcosa che facevo cognitivamente: non mi basavo su quanto successo avessero, sul loro look, sulle loro caratteristiche o nulla del genere.

Poi Gary disse: "Invece di voler fare sesso con questa persona, dovresti farlo con Brendon.".

"Cosa? Perché?", chiesi.

Gary rispose: "Perché così scoprirai com'è stare con qualcuno di gentile, nutriente e pieno di cura amorevole.".

Avevo incontrato Brendon solo circa sei mesi prima. Era finito nella categoria dei 'non contano', perchè se mai tu incontrassi Brendon, capiresti che non c'è giudizio nel suo mondo. Decisamente non giudicava il mio corpo. Stranamente, questo era uno dei motivi per i quali *non ero* attratta da lui. Pensavo fosse un bell'uomo e sembrava carino.

Questa conversazione con Gary mi fece comprendere che nelle relazioni avevo funzionato da uno spazio di nessuna scelta, anche se pensavo di scegliere di stare con l'uomo che desideravo. Era una grande consapevolezza, perché finalmente sono arrivata a capire quanto il mio punto di vista mi stesse limitando.

Dato che desideravo creare la mia vita dalle infinite possibilità, sapevo che avrei dovuto abbassare le mie barriere verso il sesso e le relazioni. Mi ricordo di aver detto a me stessa: "Oh, devo essere come la Svizzera. Devo essere completamente neutrale. Non devo avere un punto di vista riguardo al non fare più sesso nella mia vita, nessun punto di vista se farò moltissimo sesso, nessun punto di vista se avrò una relazione o meno.".

Le cose andarono avanti e finii per fare sesso con Brendon. C'è voluta molta vulnerabilità per farlo e per la prima volta ero incredibilmente grata. Non importava se avremmo fatto sesso ancora. Adesso conoscevo l'energia gentile, di cura amorevole e nutriente che desideravo avere nella mia vita. E comunque non avevo quel bisogno disperato di trattenere Brendon. Se questo avesse portato a qualcosa di più grande, bene.

La mattina seguente, dissi a Gary che aveva ragione. Dissi: "È stato fantastico *non* essere con qualcuno che giudicava il mio corpo quanto lo giudico io.".

Prima di allora non avevo mai e poi mai cercato qualcuno che fosse gentile e avesse cura amorevole. Gentilezza, cura amorevole e nutrimento erano parole vuote per me. Non avevo idea di che cosa fossero. Ad essere onesta, queste erano cose che non ero stata disposta a ricevere, perché non pensavo ne valesse la pena. Può sembrare un cliché, ma stavo davvero vivendo quel cliché.

....

Dall'inizio, Brendon ed io ci divertivamo molto assieme. E comunque non mi sono mai ritrovata a chiedermi: "Mi chiamerà oggi? Quando ci rivedremo?".

In quel periodo andavo regolarmente in America e usavo due cellulari. Quando ero negli Stati Uniti, quasi non usavo il mio cellulare australiano. Al massimo controllavo i messaggi una volta alla settimana. Se c'era un messaggio di Brendon, rispondevo. Non stavo facendo intenzionalmente quella difficile da avere, semplicemente amo il mio lavoro e creare la mia vita. Ad un certo punto, essendo stata via da un po', Brendon stava pensando di venire in America per stare con me. Quando me lo disse, cominciai a sentire le farfalle nello stomaco e le palpitazioni, perché è veramente dolce, gentile ed è davvero divertente stargli vicino.

Brendon ed io ad ora abbiamo vissuto insieme per circa otto anni. La mia vita non sarebbe così grandiosa senza di lui. Il livello di gratitudine che ho è per il suo stesso essere. Non è dovuto ad un contributo monetario, non è la tipica analisi della gratitudine.

La relazione dovrebbe essere basata sulla gratitudine, non sulle aspettative e le proiezioni dell'uno sull'altro.

Quando incontri qualcuno, tu sei te stesso. Poi di colpo, o magari un mese dopo o sei mesi dopo, cominci a tagliare via parti di te, per restare nella relazione. Quanto spesso le persone rinunciano a fare le cose che amano, perchè non si adeguano più al loro nuovo status di coppia? Questa realtà dice che, se sei in relazione, dovresti fare tutto insieme. Vedo così tante persone che usano la propria relazione per sminuire sé stessi, fino al punto nel quale non possono affidarsi a null'altro tranne che alla loro relazione.

Questo non è ciò che deve essere una relazione. Dovrebbe essere un livello di onore, gratitudine, vulnerabilità e allowance per l'altra persona.

Il motivo per stare con qualcun altro è il poter creare di più di quello che puoi creare da solo. Essere in una relazione può essere un'espansione del tuo essere, solo permettendo ad un'altra persona di essere il contributo che è per te e per la tua vita. Non molte persone parlano di questo.

## Capitolo 1 Strumenti

- Quali sono i tuoi punti di vista sulla relazione? Eviti le relazioni dato che non ne vedi nessuna buona? Scegli sempre partner che giudicano te ed il tuo corpo nello stesso modo in cui ti giudichi tu?

*"Quel livello di gratitudine che ho, è proprio per l'essere di Brendon."*

Simone

# CAPITOLO 2

# Non è compito di tuo figlio renderti felice

## Brendon

Da ragazzino, mi sembrava che le relazioni riguardassero interamente il controllo e non la felicità. O l'uomo controllava la donna, o la donna controllava l'uomo. In qualche modo qualcuno controllava l'altro.

Al mondo esterno probabilmente sembravo un tipico tizio australiano spensierato, che amava bere birra e fare surf. Crescendo però, vedevo mia mamma in una relazione abusiva con mio papà. Quello è stato il mio primo sguardo sulle relazioni.

Più tardi, quando mia mamma aveva un altro marito, ho potuto vedere un altro tipo di abuso. Nonostante non fosse così violento, c'era abuso verbale e finanziario.

C'erano così tante liti e discussioni sul denaro, che io iniziai ad odiarlo. Quando raggiunsi i diciotto anni le relazioni non mi interessavano molto.

In ogni caso, cercavo sempre di adeguarmi a questa realtà ed avere una relazione sembrava un buon modo per farlo.

Come la maggior parte delle persone, ho imparato a vivere dai miei genitori. Quindi cosa ho fatto quando ho deciso di avere una relazione? Ho scelto una donna che assomigliasse molto a mio padre: era molto abusiva. In qualche modo avevo deciso che, se avessi potuto comprendere l'abuso, sarei riuscito a cambiarlo. Non era un pensiero razionale o logico.

Com'era quella relazione? Orrenda!

Una delle cose che le persone fanno quando sono in una relazione è cercare di venire fuori dalle situazioni pensandoci su. Ci viene detto spesso: "Non devi mollare. È un lavoro duro. Devi passare questa fase e far sì che le cose funzionino.".

No, non è vero. Se la tua relazione non funziona, non farlo!

Anche se lo so adesso, allora non sapevo di avere un'altra scelta. Anche quando questa ragazza non era molto carina con me, ho deciso di stare con lei per dieci anni. Le persone in genere hanno una convinzione che le guida in una relazione e la mia convinzione era quella che, se io avessi amato la mia ragazza abbastanza, lei avrebbe finalmente smesso di comportarsi come una pazza e mi avrebbe amato anche lei. Non ero molto intelligente. Ehi, ma da quella relazione ho avuto il mio meraviglioso figlio, Nash.

Il giorno che scoprii che la mamma di Nash era incinta, mi ricordo di aver pensato: "Questo è proprio adeguarsi. Ho una fidanzata con la quale litigo tutto il tempo e con la quale non vado d'accordo e adesso avrò un figlio.".

La mia strana logica era che, con la venuta al mondo di Nash, lei avrebbe capito che la amavo e la nostra relazione avrebbe cominciato a funzionare. Non avevo capito quale enorme mancanza di gentilezza fosse aspettarsi che il mio bambino diventasse a breve il salvatore della mia vita. Può mai essere il compito di tuo figlio quello di renderti felice?

Quando Nash ebbe quattro anni, lasciai sua madre. Per dieci anni la nostra relazione era stata con alti e bassi. Ogni volta che avevamo una grossa lite, io la lasciavo. Ma continuavo a tornare. Non ero disposto a vivere da solo o a vedere il valore di me.Cercavo piuttosto conferme dalle altre persone. Lei mi vedeva come qualcuno da controllare e, apparentemente - allora- *mi piaceva* essere controllato.

Un giorno finalmente compresi che questa relazione ad alti e bassi non aveva fine. Quando lasciai la mia fidanzata quell'ultima volta, sapevo che non sarei tornato indietro.

Quindi, a trent'anni, mi ritrovai a vivere a casa di mia madre e a condividere la camera da letto con mio figlio di quattro anni. Mi sentivo così miserabile, che ad un certo punto ho pensato: "Come posso *non* vivere più questa merda?".

Poi, un giorno, vidi un avviso sul giornale. Era in rosa e diceva: "Tutta la vita mi viene con facilità, gioia e gloria". C'era il nome di una donna ed il suo numero di telefono. Sapevo di doverla chiamare.

Quando andai da questa donna, lei mi parlò di qualcosa chiamato Access Bars®. Mi spiegò che era una tecnica delicata che implicava toccare leggermente la mia testa. A quel punto avevo bisogno di aiuto in modo così disperato, che non mi importava cosa avrebbe fatto.

Mi fece sdraiare su di un lettino da massaggio e mi fece scorrere i Bars. Dopo la sessione tornai in macchina, ma non la misi subito in moto. Stetti lì sorridendo per almeno dieci minuti. Era la prima volta che mi sentivo davvero felice da anni. Quel giorno la mia vita cominciò a cambiare.

Imparai a praticare gli Access Bars e cominciai ad andare ad altri corsi di Access Consciousness. Se sei mai stato in un corso di Access, forse ti sei accorto che ci sono molte donne e pochissimi uomini. Allora il mio modo di pensare era: "Se riesco ad avere più donne e più soldi, sarò felice!".

Ma chiunque mi conosca adesso sa che quello non ero io. Sapevo che un mondo più grandioso era disponibile. Solo non sapevo dove cercarlo o come richiederlo. Non sapevo cosa fare per arrivarci. Tutto quello che potevo pensare a questo riguardo era rendere la mia vita un pochino migliore, avendo più ragazze e più soldi.

La verità era che avevo passato tutta la vita ad aspettare che Dio venisse e mi desse uno scappellotto. Ma non era mai accaduto.

Dopo essere stato a vari corsi di Access, compresi che avevo gli strumenti per dare una svolta alla mia vita e che dovevo usarli. Era il momento di cominciare e fare scelte diverse. Quello fu un punto di svolta nella mia vita. Allora non sognavo nemmeno che un giorno avrei facilitato il corso di Scelta delle

Possibilità di Access in giro per il mondo.

Otto anni dopo, il mio aspetto è molto diverso. Riconosco che ciò che desidero è creare un mondo migliore. E desidero essere sincero con me stesso, non importa che aspetto abbia.

......

Nel 2010, ho incontrato Simone in un corso di Access a Sydney. Dal momento nel quale ci siamo incontrati, ero rimasto colpito dal modo nel quale lei mi guardava e mi trattava. Lei vedeva in me la persona che non ero ancora disposto a vedere. Lo andava a dire in giro, che ero fantastico e perfino geniale.

Mi chiedevo: "Ma chi diavolo sta guardando?". A quel tempo mi giudicavo in modo pazzesco per via del fatto che non avevo tantissimi soldi, perché vivevo a casa di mia madre e per molte altre cose che pensavo di aver sbagliato.

Simone era diversa da qualunque altra donna che avessi mai incontrato. Per la prima volta nella mia vita c'era qualcuno che non voleva controllarmi. Era disponibile a lasciarmi fare qualunque cosa io volessi fare. Allo stesso modo, io ero disposto a farle fare tutto ciò che lei voleva, perché potevo vedere quanto era meravigliosa.

Ciò che abbiamo è qualcosa di diverso.

Simone ed io non abbiamo detto: "Ci amiamo adesso e quindi va tutto bene". Quella frase, 'Ci amiamo', è una conclusione. È la finzione che starete insieme per sempre. È il dare per scontato che l'altra persona non ti ferirà mai e che ti puoi sempre fidare di lei. Quanto spesso vedi una cosa così funzionare?

## Capitolo 2 Strumenti

- Hai sempre saputo che un mondo più grande è possibile? Allora usa gli strumenti in questo libro e comincia a fare scelte diverse.

*"Ho compreso che avevo gli strumenti per ribaltare la mia vita, e che dovevo veramente utilizzarli."*

Brendon

# CAPITOLO 3

# Oggi è ciò che conta

**Brendon**

Per molto tempo dopo esserci messi insieme, Simone ed io evitavamo di chiamare ciò che avevamo creato, una 'relazione'. Dall'esterno le persone ci guardavano e pensavano che fossimo una coppia. Noi continuavamo a dire: "No!". Il sottotitoloo era: "Siamo solo amici che fanno sesso ed escono insieme.".

Un giorno, in una classe di Access Consciousness a San Francisco, Gary parlò di noi come di una coppia ed io volevo scappare dalla stanza.

La verità era che temevo quel momento.

Avevo sperimentato così tanto abuso nelle relazioni precedenti, che credevo che Simone prima o poi mi avrebbe ferito, il che non è una domanda.

Perché credo che questo sia ciò che fanno le persone in relazione. Abbiamo dei punti sensibili, basati sul nostro passato. Se hai avuto una relazione abusiva, ogni volta che c'è una litigata o una discussione, potresti pensare: "Vedi, avevo ragione. Mi abuserà e mi lascerà.".

Una cosa semplice, come Simone che apriva la porta della camera da letto, mi faceva sobbalzare. Non per qualcosa che lei facesse, ma semplicemente perchè quella era stata la mia esperienza. Nel passato, il fatto che qualcuno entrasse nella stanza, implicava una litigata, rabbia, accuse e abuso. Senza riconoscerlo, avevo trattenuto tutte queste situazioni nella mia vita e le avevo portate nella mia nuova relazione con Simone.

Ecco qui, eravamo in relazione ed evitavamo la relazione. Poi, un giorno, mia mamma venne a casa mia. Simone ed io vivevamo insieme, allora, e comunque evitavamo la relazione.

Mia mamma disse: "Vedo come siete l'uno con l'altra. Se volessi una relazione, questo è il tipo di relazione che vorrei. Non la chiamate relazione, ma allora che cosa cazzo è?".

La sua domanda ci lasciò secchi. Ci guardammo e pensammo: "Forse dobbiamo ammettere che abbiamo una relazione.".

## Simone

Quello fu il momento in cui le cose cambiarono molto per me. Perché, in quei primi tempi, nessuno dei due sapeva che anche l'altro stava aspettando che l'abuso cominciasse. Ero stata con uomini che mi sminuivano continuamente e che giudicavano il mio corpo in modo pazzesco. Da qualche parte nel mio universo mi aspettavo che Brendon facesse lo stesso. Mi sembrava ovvio. Brendon mi avrebbe gettata via o sarebbe stato cattivo con me. Ed era meglio che io fossi pronta per quello. Anche se non lo abbiamo mai detto esplicitamente, quello era il motivo per il quale evitammo la relazione per i primi due anni nei quali eravamo insieme.

Ma, all'improvviso, stavamo facendo dei passi verso l'essere in relazione. Quando ci incontrammo all'inizio, vivevo in una casa con due camere da letto, in città, nel Queensland, in Australia. Non era davvero grande abbastanza per noi. Brendon aveva con sé suo figlio, Nash ed un cane. Usavo la seconda camera come ufficio e Nash a volte dormiva lì, in un divano letto. Un giorno dissi a Nash che doveva mettere a posto e mettere via la sua roba.

Mi disse che l'avrebbe fatto, ma poi mi chiese: "Aspetta, dove dovrei mettere la mia roba?".

33

Capii che non aveva un posto per le sue cose. Gli andai a comprare un cesto di plastica per i suoi giocattoli. Questo fu fare un altro passo nella direzione di ammettere che Brendon ed io avevamo una relazione ed eravamo anche disposti a prenderci un impegno l'uno con l'altra.

Ad un certo punto Brendon cominciò a parlare di prendere una casa più grande. Ecco qui, pensai, il momento che mi aspettavo. Brendon viveva con me e adesso che aveva avuto ciò che voleva se ne sarebbe andato. Me lo aspettavo, così chiesi, abbastanza superficialmente: "Ragazzi, ve ne state andando?".

Brendon immediatamente disse: "Con te. Ce ne andiamo insieme a te.".

Anche se aveva detto così, sapevo che Brendon aveva qualche riserva riguardo al vivere insieme. Per capire ciò che desiderava veramente nel suo futuro, usò uno degli strumenti di Access Consciousness.

Per tre giorni interi immaginò come sarebbe stata la sua vita se non ci fossimo trasferiti insieme.

Poi, per i successivi tre giorni, si concesse lo scenario di come sarebbe stata la sua vita se si *fosse* trasferito con me. La seconda parte non durò tre giorni. Dopo solo un giorno di concedersi lo scenario di noi che vivevamo insieme, disse: "È veramente ovvio per me che tutta la mia vita si espanderebbe e creeremmo di più, se andassimo a vivere insieme.".

Dissi: "Ok, facciamolo." e lasciai la cosa così. Non lo rendemmo importante, né pianificammo una data nella quale ci saremmo trasferiti. Lo scegliemmo e basta. Un giorno, poco dopo essere tornati a casa da una classe di sette giorni di Access Consciousness in Nuova Zelanda, stavo disfando le valigie.

Brendon mi guardò e disse: "Tesoro, ho bisogno di un posto dove mettere i vestiti.".

Chiesi: "Ti trasferisci qui?". Lui rispose: "Sì.". Fu semplice così.

## Brendon

Molti di noi pensano di non avere le capacità per la consapevolezza energetica. Quando fai qualcosa come concederti il tempo per considerare diversi scenari per il tuo futuro, comprendi di avere le capacità di percepire l'energia.

Quando ho usato questo strumento la prima volta, mi immersi completamente nell'energia di non trasferirmi con Simone. Pianificavo di prendere un posto per me: sarei stato con mio figlio ed il mio cane e così via. L'ho fatto per tre giorni a fila. Non ho avuto tentennamenti.

Dopo tre giorni, ho girato le carte e mi sono concesso di pensare a come sarebbe stato trasferirmi con Simone.

Immediatamente, ho ricevuto l'energia del futuro che la mia scelta avrebbe creato. Entro i primi cinque secondi potevo percepire la mia vita che si espandeva e diventava più grande e questo è ciò che avevo chiesto da sempre: una vita più grandiosa.

Il giorno in cui Simone ed io abbiamo riconosciuto che avevamo una relazione, non avevamo idea a cosa andavamo incontro, a parte il fatto che corrispondeva all'energia del futuro che entrambi desideravamo creare. Non avevamo idea di che aspetto avrebbe avuto di giorno in giorno. Ovviamente non eravamo interessati ad una relazione come quelle che avevamo avuto in passato. Quindi prendemmo un impegno con noi stessi di usare gli strumenti di Access per creare qualcosa di diverso.

Appena arrivavamo ad un punto nel quale l'energia sembrava bloccata o pesante, usavamo uno degli strumenti di Access per cambiarla. Ci sono stati momenti in cui ho pensato: "Davvero vorrei non usare quello strumento!" ma dato che sapevo che gli strumenti funzionavano, ero disposto a dar loro una chance, non importava quanto fosse scomodo.

## COME SAREBBE SE NON CI FOSSE IERI IN RELAZIONE?

Le relazioni dovrebbero essere una scelta nuova ogni giorno.

Riguarda la creazione, il contributo, l'essere in allowance, divertirsi ed essere entusiasti dell'avventura della vita.

Nel momento in cui dici di *avere* una relazione, hai smesso di crearla. L' hai definita, dicendo: "Oh, viviamo insieme.". Oppure: "Oh, siamo sposati.". Ogni definizione crea una limitazione nella tua vita.

Le definizioni non esistono all'interno di una domanda, quindi, se sei disposto a fare una domanda, hai più scelte a disposizione.

Simone ed io viviamo le nostre vite basandoci sulle domande: cosa possiamo scegliere oggi e cosa possiamo creare insieme? Non diciamo che staremo insieme per i prossimi venti o trent'anni. Non c'è conclusione riguardo a dove stiamo andando. Giochiamo sempre con diverse possibilità. Abbiamo un bambino, un cane, una casa ed un mutuo, ma anche questo non significa che siamo bloccati in qualcosa. La nostra relazione può finire in ogni momento, il che sarebbe un incubo per un contabile, ma siamo disposti ad accettare quella possibilità per non avere conclusioni riguardo al futuro.

Non cerco Simone per rendermi felice. Lei sa che, in qualunque situazione io mi metta, sceglierò anche di uscirne. Lei è in allowance di me e quella allowance mi impedisce di cercare di aggiustare le cose per lei, perché il lavoro di un uomo è sempre quello di aggiustare le cose.

Non litighiamo, credo che abbiamo alzato la voce una sola volta. Abbiamo facilità l'uno con l'altra, perché abbiamo sempre trovato facilità nell'usare gli strumenti di questo libro. Continuiamo ad usarli, sempre.

Gary dice che sei dove sei oggi, grazie alle tue scelte. Non perchè non hai soldi, o a causa delle tue relazioni. Hai creato la tua vita con le scelte che hai fatto. Non è stato facile per me riconoscerlo all'inizio. Quando l'ho fatto, tutto nella mia vita è cambiato in modo drastico. Quando finalmente ho capito che avevo creato tutta l'infelicità con le scelte che avevo fatto, ho pensato: "Wow, come sarebbe se cominciassi a fare scelte diverse?".

Non è stato comodo essere brutalmente onesto con me stesso e guardare a quei grossi, cattivi, orrendi segreti che avevo nascosto. Ma una volta fatto, mi ha permesso di cominciare ad avanzare nella vita. Ho compreso che ero al posto di guida e che dovevo assumere il controllo di quella macchina.

Se le stesse cose continuano a ripetersi continuamente nella tua vita, guarda a cosa ami di quelle cose. Anche se questo significa riconoscere che sei un vero stronzo. Qualunque cosa nascondi a te stesso ti fermerà. Se sei disposto ad averne la consapevolezza, puoi andare oltre.

Oggi è sempre un giorno nuovo. Ciò che hai fatto ieri ti ha portato a dove eri ieri. Ciò che scegli oggi sarà ciò che crea il tuo futuro.

Se vuoi che il tuo futuro sia diverso e più grande, quali scelte devi fare oggi? Comincia oggi. Oppure no. Io a volte mi godo l'avere una giornata di merda. Poi capisco che sto cercando di tornare indietro a qualcosa che è familiare e comodo, piuttosto di creare qualcosa di più grande.

## Capitolo 3 Strumenti

- La stessa situazione continua a presentarsi nella tua relazione? Se è così, guarda a cosa ami di quella situazione. Sii onesto con te stesso, anche se significa riconoscere che ti comporti come un vero stronzo a volte.

*"Oggi è sempre un nuovo giorno.
Ciò che hai fatto ieri ti ha portato
a dove eri ieri. Ciò che scegli oggi
sarà ciò che creerà il tuo futuro."*

Brendon

# CAPITOLO 4

# La creazione del futuro, adesso

## Simone

Per Brendon e per me, la relazione non riguarda il diventare vecchi insieme o soddisfare l'ideale del partner perfetto dell'altro.

Il motivo per essere in una relazione con qualcuno è creare come minimo venti volte di più nel mondo rispetto a ciò che creeresti da solo. La creazione è infinita. Nella creazione non c'è definizione, non c'è limitazione.

Brendon ed io adesso stiamo costruendo una casa insieme. Peregian Beach, dove vivo, ha una delle spiagge più belle del Queensland. Quando sono a casa mi piace andare a fare jogging nel quartiere. Ci sono circa quattro isolati di terreno di fianco ai quali corro, che ho sempre detto che avrei comprato, se li avessero venduti.

Beh, uno lo misero in vendita. Allora, però, non avevamo abbastanza soldi da spendere per comprare un lotto di terreno sulla spiaggia.

La cosa che ho notato, della nostra relazione, è che se uno di noi desidera veramente qualcosa, l'altro non lo ferma. Piuttosto, ciascuno di noi guarda a ciò che può contribuire per far sì che la cosa accada.

Quando ho detto a Brendon quanto volevo comprare questo lotto di terreno sulla spiaggia -visto l'uomo incredibile che è- cominciò a guardare a cosa avremmo dovuto fare e con chi avremmo dovuto parlare, così da renderlo una realtà.

Cominciammo con una struttura che corrispondeva ai parametri di ciò che potevamo permetterci. Poi guardammo a ciò che avremmo voluto davvero creare su quello splendido terreno. Io non volevo costruire una casa 'conveniente'. Sarebbe stato come avere una meravigliosa tela bianca e usare solo due colori per dipingere. No, io desideravo dipingere con tutti i colori della mia tavolozza. Dissi a Brendon: "Perché non possiamo chiedere ciò che vogliamo veramente?".

Lui rispose: "Giusta osservazione!".

Quando cominciammo ad incontrare gli architetti e a guardare a ciò che ci sarebbe piaciuto creare, i costi raddoppiarono. E comunque non rallentammo.

Non fermarti per corrispondere a ciò che questa realtà proietta su di te, se chiedi qualcosa che viene considerato troppo.

## VOLEVO UNA CASA

Volevo pavimenti in marmo, una cantina di vini ed una palestra.

Volevo che fosse una casa epica e avevo deciso che non mi sarei accontentata di nulla di meno.

Ci si deve lavorare, certo. Abbiamo incontrato promotori finanziari e abbiamo parlato con diverse persone. Durante tutto il processo abbiamo continuato a chiederci: "Cosa dobbiamo essere, per far sì che questo si realizzi concretamente e sia la realtà di ciò che vorremmo creare?".

Invece di berci i cosiddetti 'problemi,' siamo disposti a cambiare qualunque cosa sia necessario cambiare per creare possibilità più grandi. Vedo così tante persone rinunciare e fermarsi, quando vedono un problema, invece di fare altri due, tre, quattro o anche cinque passi in avanti per creare ciò che veramente desiderano.

# L'ESUBERANZA DI CREARE INSIEME

Brendon ed io abbiamo parlato riguardo a tutte le cose che stiamo creando insieme, anche se non lo facciamo dall'aspettativa di stare insieme, per sempre. Questo può sembrare controintuitivo.

È anche uno dei più grandi doni della nostra relazione. Ci svegliamo ogni mattina e ci chiediamo: " Cosa possiamo creare insieme oggi?".

Spesso le persone guardano alla nostra relazione e dicono: "Vorrei poter creare di più con il mio partner come fate tu e Brendon.".

Io chiedo loro: "Che cosa hai definito come creazione?".

La creazione non riguarda il fare sempre tutto assieme.

Ogni volta che sono a casa, sono felice di andare al mercato agricolo locale la mattina presto e comprare prodotti freschi e meravigliosi. La maggior parte delle volte, Brendon li cucina. Anche se a volte lui viene al mercato con me , io non mi aspetto mai che lo faccia. A lui piace dormire.

Le persone spesso fraintendono e pensano che creare insieme significhi che dobbiamo alzarci insieme e andare al mercato insieme e cucinare insieme. Quello non è creare dall'essere un contributo. Creazione è la disponibilità a contribuire con le tue capacità per creare qualcosa di più grande, con più facilità, nelle vite di entrambi.

Se Brendon viaggia oltremare ed io sto a casa, stiamo sempre creando insieme. La creazione è questo continuo contribuire l'uno all'altro. Se, in una relazione, non sei sempre nell'energia creativa, ti annoierai.

Uno degli strumenti di Access che uso ogni giorno è distruggere e screare la mia relazione con Brendon.

Quando chiedi di distruggere e screare la tua relazione, ciò che stai facendo è distruggere ogni punto di vista che hai creato riguardo a quella persona. Ogni limitazione, ogni conclusione, ogni sentimento che hai riguardo quella persona e la tua relazione, ciò che pensi e ciò che hai deciso che dovrebbe essere, distruggi e screa tutto. C'è un livello di vulnerabilità in questo: sei completamente svincolato dal passato. Il mio scopo è di svegliarmi ogni mattina con la sensazione di chiedermi: "Come sono così fortunata ad avere Brendon nella mia vita?".

## Brendon

Una relazione non succede. La devi creare nuova ogni giorno.

Ogni giorno, Simone ed io ci chiediamo: "E adesso? Cosa c'è dopo? Chi diavolo sono oggi e cosa creerò?".

Non guardiamo a chi eravamo ieri o a cosa abbiamo fatto nel passato. È la totale gioia esuberante di pensare: "Sono vivo oggi. Che cosa voglio creare con questa persona? Che cosa desidero creare in questa relazione?".

E perfino: "Desideriamo stare ancora insieme oggi?".

Quando due persone si mettono insieme, di solito la coppia e i loro amici e le loro famiglie si aspettano che stiano insieme e vivano le loro vite seguendo un certo schema.

Esiste un certo ordine nelle relazioni in questa realtà. Lo sappiamo bene, perché le persone spesso ci proiettano addosso un particolare punto di vista: "Beh, adesso avete la vostra casa, vostro figlio, il vostro cane... Ecco fatto. Questo è il finale. È il momento di prendere le sedie a dondolo abbinate.".

Negli ultimi otto anni, Simone ed io non abbiamo mai guardato alla nostra relazione come ad una cosa a lungo termine o pensato che saremmo invecchiati insieme. Entrambi sapevamo che un aspettativa di questo tipo avrebbe allontanato l'altro.

Desideriamo creare una relazione che vada al di là di ogni definizione e limitazione. Noi funzioniamo dalla fluidità di chiedere costantemente: "Questo è ciò che desideriamo oggi?". Se la risposta è sì, la domanda successiva è: "Che cosa possiamo creare oggi?".

È molto diverso rispetto a come le persone hanno imparato a funzionare nella relazione. Vedo molte persone usare proiezioni ed aspettative con il loro partner. Possono riguardare il fatto che l'uomo debba guadagnare una certa quantità di denaro, o che la donna debba cucinare la cena quattro sere a settimana.

Ho parlato recentemente con una donna che mi ha detto di aver chiesto a suo marito di preparare la cena. Quando lui non lo ha fatto, lei si è arrabbiata molto.

Le ho detto: "Ok, dimmi come glielo hai chiesto.".

Lei mi ha detto: "Gli ho mandato una e-mail e gli ho detto che stavo facendo tardi e che lui doveva preparare la cena.". Questo è chiedere aiuto a qualcuno?

In che modo, mandare una e-mail al tuo partner, che dice: "Sto facendo tardi e ho bisogno che tu prepari la cena." -inviata con tutta questa energia- è una domanda? Non lo è.

Questi sono alcuni dei modi nei quali cerchiamo di controllare la nostra relazione. Come sarebbe se cercaste di essere un contributo l'uno per l'altro, piuttosto?

## Capitolo 4 Strumenti

• Ogni giorno distruggi e screa la tua relazione con il tuo partner. Ciò che accade è che distruggi ogni punto di vista, limitazione, conclusione ed ogni sentimento che hai riguardo al tuo partner ed alla relazione. Così ti svincoli dal passato e crei la tua relazione come una scelta nuova ogni giorno.

> *"La creazione è il contributo continuo l'uno all'altro.*
> *Se, stando in relazione, non sei sempre nell'energia creativa, ti annoi."*
> Simone

# CAPITOLO 5
# Creare una connessione

### Simone

Un po' di anni fa, chiacchieravo con un tipo abbastanza attraente che avevo incontrato. Nel corso della conversazione, scoprimmo che entrambi avevamo vissuto nella stessa area di Sydney ed eravamo andati a molte delle stesse feste. C'è stato questo momento nel quale ci siamo guardati, pensando: "*Ahh! Ti conosco!*".

In quello stesso istante, compresi che quelli erano semplicemente i punti nei quali le nostre vite e le nostre scelte si erano intersecate. In generale, quei punti di connessione non avevano molto significato.

Quando le persone dicono: "Sto cercando la Persona Giusta" o : "Ho trovato la Persona Giusta", stanno parlando di punti di connessione, che in realtà sono una limitazione. Quando cerchi una connessione, rinunci alla creazione a favore della familiarità di ciò che già conosci. È come avere una lista di cose da spuntare: *Fumano? Fumo anche io. Io russo, loro russano. Io odio rassettare la casa, loro odiano rassettare la casa.* Se ti scopri a cercare punti di connessione nella tua relazione, scappa!

Brendon ed io siamo più interessati in ciò che possiamo creare insieme, quindi cerchiamo sempre punti di creazione, non punti di connessione. Perché, in verità, tu non avrai una relazione perfetta. Non troverai il partner perfetto. Perché? Perché non esistono. La perfezione è un giudizio.

Quando avevo circa vent'anni, avevo una storia con un scalatore di cinquantacinque anni, che avevo incontrato in Nepal. I miei amici dicevano: "Oh, è così vecchio.". Ma la sua età non mi importava. Mi divertivo molto con lui e mi ha ispirata ad essere qualcosa di diverso.

In seguito, quando avevo circa trent'anni, sono uscita con un ragazzo di diciotto anni. Nuovamente, i miei amici erano abbastanza scioccati. Dicevano: "Oh mio Dio. È appena uscito da scuola.".

Come sarebbe se, per scegliere la persona con la quale essere in relazione, non ti basassi sull'età, il genere, l'aspetto, il colore della pelle, il credo religioso o la realtà finanziaria?

Come sarebbe se fosse il fattore del divertimento e la gioia della creazione e dell'intimità? (Più avanti nel libro, parleremo dei cinque elementi dell'intimità, che sono onore, gratitudine, allowance, fiducia e vulnerabilità.)

## NON TUTTI CREANO ALLO STESSO MODO

*Brendon*

Simone mi ha detto una cosa un giorno che mi ha cambiato la vita, ma all'inizio mi arrabbiai molto con lei.

Ero nella doccia. "Sai cosa? - mi disse - Tu non crei veramente; fai altre cose. Non crei veramente.". Rimasi nella doccia, ribollendo e inveendo contro di lei.

Appena prima di questa conversazione, stavo pensando se andare sul reality show di cucina, *MasterChef Australia*. Quando uscii dalla doccia, riempii l'application, feci i video, inviai tutto e fui selezionato per essere uno dei primi cento partecipanti a *MasterChef Australia*.

Quando Simone disse che io non creavo, mi fece incazzare così tanto che pensai: "Le mostrerò che so creare.". Lei non me lo disse da una mancanza di gentilezza: era semplicemente il suo punto di vista in quel momento.

Ciò che mi ha detto quel giorno mi ha cambiato la vita. Mi ha motivato, più di quanto abbia mai fatto qualunque altra cosa nel passato. In quel momento, nella doccia, non solo ho resistito e reagito a ciò che lei aveva detto, ho anche creato un'esigenza diversa nel mio mondo. La creazione è un'esigenza che devi fare da te stesso. Da quel giorno in avanti ho creato molto di più nella mia vita.

## Simone

Ci sono certe persone che sono un contributo energetico, solo essendo la gentilezza, la cura amorevole e la genialità che sono. Quando dissi a Brendon che lui non creava, io intendevo dire che era una di quelle persone che contribuivano energeticamente, cosa che è appunto l'energia della creazione.

Sono grata che le cose siano andate così, perché questa energia era richiesta, affinché Brendon creasse. Attraverso le sue creazioni, Brendon è stato un'enorme ispirazione per me, per creare ancora più grande. È un po' come il gioco della cavallina, dove una persona salta oltre l'altra e poi questa salta ancora oltre passandole sopra. Ognuno dei due fa a turno per andare avanti e poi avanti ancora.

Questo è ciò che la relazione e la creazione dovrebbero essere. Tu ispiri e infondi entusiasmo nell'altra persone continuamente, affinché sia più grande ogni giorno, affinché richieda, possieda e riconosca tutte le capacità che ha e che non è disposta a riconoscere e nel frattempo non la giudichi se non sceglie di farlo.

## Brendon

Creare in una relazione è la disponibilità a dare il contributo della tua energia a qualunque cosa l'altra persona desideri creare. Se entrambi desiderate creare la stessa cosa e seguire lo stesso percorso, allora entrambi contribuite energia l'uno all'altro.

Alcune persone pensano che lavorare allo stesso progetto insieme, significhi che possono controllare l'altra persona. Quello non è creare, è controllo. Se desideri una relazione nella quale tu possa creare insieme, allora chiedi al tuo partner: "Come posso contribuire a te?". Se sei disposto a contribuire energia, puoi avere realmente una relazione che sia creativa.

Simone ed io creiamo da soli e includiamo sempre l'altra persona. Creare insieme tutto il tempo mi farebbe impazzire. A Simone non è permesso entrare in cucina, perché il modo in cui lei cucina è frustrante per me... scherzo!

Abbiamo decisamente un obiettivo simile: creare sempre di più. Siamo entrambi disposti a guardare abbastanza lontano nel futuro, per cos'altro è richiesto per la vita che desideriamo creare insieme.

C'è stato un periodo nel quale mi rendevo sbagliato per non creare come Simone. Lei è incredibilmente creativa. Quando riceve nuove informazioni, sa che questo pezzo deve andare qui e che quel pezzo deve andare lì. Per lei è come muovere i pezzi sulla scacchiera.

Quando io ricevo le informazioni, le lascio sedimentare nella mia consapevolezza e mi distraggo con qualcos'altro, permettendo alle cose di andare al loro posto. Magari gioco ad un gioco o guardo la televisione, come modo per creare pace, affinché le mie idee vadano al proprio posto.

Negli anni ho sentito così tante persone dire: "Ero nella doccia e mi è venuta in mente questa grande idea....".

Mi sono chiesto cosa fanno nella doccia. Perché io vado nella doccia e mi lavo; non penso a niente. Tutti dicono: "Me ne sono venuto fuori con questa idea meravigliosa nella doccia oggi", e io continuo a pensare: "Ma cavolo, forse mi faccio la doccia in modo sbagliato?".

## Simone

È divertente ma anche vero! Solo perché qualcuno è il tuo partner o la tua Godibile Metà, come a me piace chiamarlo, non vuol dire che deve creare come te. Non ci sono persone che creeranno nello stesso modo.

Il tuo partner non deve creare alla stessa velocità o con gli stessi pensieri.

Sono molto creativa la mattina, quasi fin dal momento in cui mi sveglio e meno la sera. Per me, la creazione avviene nell'estrapolazione: adoro lanciare lì qualche idea. Magari alcune le usiamo. Magari no. Il punto è: "Che cosa creeremo? Cosa possiamo scegliere che funzionerà o creerà una possibilità diversa?". E succede velocemente. È così che mi piace creare.

Un paio di anni fa, Brendon ed io eravamo a Cancun, in Messico, quando avemmo una 'discussione'. Pensavamo di comprare una seconda casa e Brendon semplicemente affermò: "No, non lo faremo.". Non c'era nessuna estrapolazione di idee o nessuna conversazione riguardo alle possibilità che comprare questa casa avrebbe creato nella nostra vita.

Ciò che compresi dopo, è che molti uomini non stanno lì ad estrappolare tutto il tempo. Gli uomini lo faranno da soli, quando sarà il momento giusto per loro. Lo faranno in silenzio. Creeranno qualcosa e poi diranno: "Questo è ciò che accadrà.".

Quindi, da questa quasi-litigata, ricevetti un nuovo strumento: chiedere a Brendon di includermi nella creazione. Così chiedi letteralmente a qualcuno: "Ehi, mi dici come sei arrivato a quel risultato?".

## Brendon

Quando Simone ed io parlavamo delle finanze a Cancun, arrivammo ad un punto che non era generativo. Potevamo percepire entrambi la frizione energetica e riconoscemmo che dovevamo smettere di parlarne subito.

Avevamo cominciato a scontrarci e i punti di vista diversi che avevamo sulle finanze stavano contraendo la nostra energia piuttosto che espanderla. Quando Simone ed io diventammo consapevoli che la conversazione non stava andando da nessuna parte, iniziammo immediatamente a fare domande: "Abbiamo bisogno di maggiori informazioni? Sì o no? Sì? Da chi potremmo avere quelle informazioni?".

Entrambi sapevamo che avremmo potuto parlare con Gary, o con uno degli altri amici geniali con le finanze ed avere altre informazioni da loro. Dato che nulla stava cambiando subito, andammo a bere un paio di bicchieri di vino, dal momento che non volevamo rendere un problema qualcosa che non lo era.

Sapevamo entrambi che se avessimo avuto maggiori informazioni, avremmo creato qualcosa di più grande. Quindi, piuttosto che litigare, scegliemmo di goderci la presenza l'uno dell'altro e divertirci.

È stata fatta parecchia ricerca sulle coppie che litigano rispetto a soldi e finanze e rispetto allo stress che causa in una relazione. Gli studi mostrano come i soldi siano uno dei principali fattori di stress che portano al divorzio.

Quando sei disposto ad avere consapevolezza di ogni contrazione nella tua relazione, non andrai nel chi ha ragione e chi ha torto. Non inizierai una lite. Cercherai piuttosto ciò che creerà di nuovo un senso di espansione. La parte pragmatica della relazione è chiedere: "Che cosa funzionerà qui? Che cosa posso fare per creare di più in questa relazione?".

Simone ed io abbiamo molti esempi di volte in cui le cose non stavano funzionando. Ma, piuttosto che litigare, abbiamo cambiato l'energia.

Ci viene insegnato, o ci beviamo la bugia, che litigare è normale in una relazione. In otto anni, Simone ed io non abbiamo litigato una volta. Alcune persone pensano che ci sia qualcosa di sbagliato in noi, perché non litighiamo sui nostri punti di vista. Siamo più interessati nel guardare a come cambiare l'energia della situazione.

## Capitolo 5 Strumenti

• Se desideri una relazione nella quale puoi creare insieme al partner, chiedigli: "Come posso contribuire a te?".

• Riconosci che le persone creano in modi diversi.

• Ispira ed infondi entusiasmo al tuo partner per essere più grande ogni giorno, per richiedere, possedere e riconoscere tutte le capacità che ha, senza giudicarlo se non le sceglie.

*"La creazione è un'esigenza che devi fare da te stesso."*

Brendon

# CAPITOLO 6
# Chi sta pagando?

*Simone*

Quando incontrai Brendon per la prima volta, guadagnavo molti più soldi di lui e lui era un piastrellista, o un 'tuttofare' come li chiamiamo in Australia.

Brendon odiava il suo lavoro e io non riuscivo a vedere un qualcuno che era un tale contributo per me, fare un lavoro che odiava, solo per portare a casa un po' di soldi. Quindi gli suggerii di cercare qualcosa di diverso da fare, mentre io lo supportavo.

Non misi un limite di tempo. Invece, ogni giorno osservavo la nostra relazione e facevo tante domande: "Questa relazione è un contributo per la mia vita? È un contributo alla mia esistenza? È un contributo per il mio corpo?". La consapevolezza che ricevevo era sì, sì, sì.

Brendon arrivò con il pacchetto completo. Suo figlio, Nash, aveva allora cinque anni. E c'era Max, il cane.

Per essere qualcuno che non aveva mai desiderato una relazione, di colpo avevo tutto.

Concordare di sostenere Brendon non era una grande sfida, perché mi piaceva essere quella che guadagnava più soldi. Mi dava un senso di controllo e la scelta di potermene andare in qualsiasi momento. Sapevo che sarebbe stato facile orchestrare le cose se avessi voluto andarmene. Guardando indietro, mi rendo conto che questo era un livello di crudeltà e mancanza di gentilezza verso di lui e verso di me. Allora, stavo ancora aspettando la catastrofe: aspettavo il giorno nel quale avremmo detto: "Adesso è finita.".

Tenevo gli scontrini di quello che spendevamo come modo per creare separazione. Se il cibo del cane costava venti dollari, il mio punto di vista era che Brendon avrebbe dovuto pagarlo. Potresti riconoscere quando stai facendo qualcosa di simile nella tua relazione.

Avevamo un documento Google con tutte le cose che stavo comprando con i miei soldi. A quel punto, il mio punto di vista era che quello fosse *il mio denaro*. Scrivevo tutto: voli per il Costa Rica, sistemazioni, anche il cibo del cane! Mentre passavano i mesi, la quantità di soldi che mi era dovuta aumentò gradualmente fino a quasi ventimila dollari. Un giorno guardai Brendon e dissi: "Mi pagherai mai questi soldi, o cancello semplicemente questo documento Google?".

"Cancellalo", rispose.

Da quel momento cominciammo ad essere più in comunione l'uno con l'altra. Prima, entrambi usavamo il denaro come modo per creare separazione: io guadagnando di più, lui guadagnando di meno.

Non sto dicendo che se sei in relazione devi unire i conti correnti o fare tutto ciò che abbiamo fatto noi. Devi scegliere ciò che funziona per te oltre la separazione, perché la separazione è un totale rifiuto di te stesso e dell'altro.

## ESSERE VULNERABILE E CHIEDERE AIUTO

*Simone*

Durante il periodo nel quale stavo pagando tutto, Brendon la mattina si svegliava depresso. Stava facendosi carico di tutta la tristezza e la depressione del mondo, pensando di essere *lui* quello triste e depresso. Stava sdraiato sul divano e beveva birra mentre io lavoravo. Arrivammo ad un punto in cui stavo finendo i soldi.

*Brendon*

Io li spendevo tutti.

*Simone*

Sì è vero!

Uno degli strumenti che Gary mi aveva dato da usare quando diventavo nervosa con Brendon per via del fatto che spendeva tutti i soldi, era chiedere il suo aiuto. Quindi, un giorno, mi sedetti accanto a Brendon e gli mostrai tutti i conti.

Gli mostrai tutto e dissi: "Questo è l'affitto che stiamo pagando e tutto quello che stiamo spendendo.". Che significava: questi sono i soldi che *io* sto spendendo.

Non era la cosa più facile da fare per me. Sapevo che, nel chiedergli aiuto, dovevo essere vulnerabile, con me stessa e con lui. Quindi gli mostrai tutti i miei conti correnti, tutte le finanze, così che lui potesse avere una consapevolezza di quello che stava essendo creato e potesse contribuire anche lui, così non sarebbe stato solo sulle mie spalle.

In molte relazioni c'è quest'idea non detta che dobbiamo nascondere le nostre finanze. La società ci proietta che dovremmo nascondere la quantità di soldi che facciamo. Non volevo nascondere niente a Brendon. Sapevo che volevo cambiare la realtà finanziaria che avevamo insieme e creare qualcosa di più grande. Dovevo essere disposta a mostrargli tutto.

Allo stesso tempo, non avevo punti di vista o aspettative su Brendon. Lui poteva fare qualunque cosa una volta ricevute quelle informazioni. Sapevo che era intelligente e molto bravo coi numeri. Allora non stava usando queste capacità, ma comunque c'erano, dormienti. Fin dall'inizio vidi quanto Brendon fosse grandioso, anche se lui rifiutava di vederlo e fui aperta al fatto che lo scegliesse o meno. Quella doveva esser sempre una sua scelta e lo rimarrà sempre.

....

La dinamica del denaro con la relazione è molto interessante. Molte persone si rifiutano di guardare a questa dinamica, anche se può essere parecchio rivelatrice. Ho incontrato donne che aspettavano che un uomo arrivasse e provvedesse loro il denaro del quale avevano deciso di avere bisogno, ma che non potevano creare da sole. Ho anche incontrato uomini che erano stati allenati a credere che il loro lavoro fosse trovare una donna e creare il denaro per la loro relazione.

In quante vite sei stato un uomo? In quante vite sei stato una donna? Se riconosci di essere stato entrambe un uomo ed una donna, in vite diverse, allora capirai come le tue scelte vengano limitate da diversi punti di vista.

Hai sentito le persone dire: "L'uomo è la persona che mantiene la famiglia" - oppure - "Le donne non possono guadagnare più dell'uomo."?

Quei punti di vista ti terranno bloccato ed eviteranno che tu vada avanti.

Ciò che vorrei che tu ricevessi da questo libro, è la scelta delle possibilità che sono disponibili per te. Non devi essere limitato dalle aspettative, proiezioni e giudizi che definiscono la relazione in questo mondo. Sappi che hai la scelta di creare una relazione che vada molto oltre il punto dal quale stai funzionando adesso.

Brendon ed io ci diamo continuamente la scelta di scegliere, la scelta di cambiare, la scelta di non stare insieme. Io sono andata in panico, perché ho pensato che significasse che avremmo dovuto stare insieme per sempre.

"È solo una casa", ha sottolineato Brendon. "Possiamo sempre venderla".

Quando lo vidi come un business, per me era a posto.

Anche se la nostra relazione è una scelta nuova che facciamo ogni giorno, abbiamo comprato degli immobili insieme ed abbiamo un portafoglio di azioni di successo. Mentre scriviamo questo libro, abbiamo acquistato due case meravigliose e siamo nel mezzo di costruirne una terza, questo sta spingendo via le limitazioni di ciò che *pensavamo* di poter creare. Sappiamo che questa è solo la punta dell'iceberg. Nessuna di queste cose sarebbe potuta succedere se avessi trattenuto i miei punti di vista sul fatto che non potevo comprare una casa con quest'uomo, perché avrebbe significato stare insieme per sempre.

Tutti abbiamo dei punti di vista folli che ci rinchiudono e non ci permettono di creare una vita più grande, sono quei punti di vista folli dei quali devi diventare consapevole e che devi cambiare, perché sono i piani invisibili e i problemi che guidano la tua vita. In quanti state usando i problemi che avete deciso di non poter superare, per non spingere via i confini dei vostri limiti e creare qualcosa di più grande?

Quanti punti di vista folli, piani e problemi hai che ti impediscono di creare le relazioni ed i soldi?

Alcune persone hanno un piano riguardo al trovare un partner che dia loro tutto ciò di cui hanno deciso di avere bisogno. Quanti piani hai riguardo all'essere bisognoso del tuo partner, che sia un uomo o una donna? Potrebbe essere l'idea che tu abbia bisogno che loro ti forniscano i soldi così puoi stare a casa e prenderti cura dei bambini, oppure il contrario.

Hai il piano di non creare denaro, per controllare la tua vita? Se non hai tutti i soldi che desideri e di cui hai bisogno, stai creando quella situazione attraverso il tuo punto di vista. Questo significa che sei tu che devi cambiare il tuo punto di vista. Nessun altro lo può fare per te.

## Capitolo 6 Strumenti

• Qual'è il problema che hai deciso di non poter superare? Lo hai usato come scusa per non spingere via i confini delle tue limitazioni e creare qualcosa di più grande?

> *"Se non hai tutto il denaro*
> *che desideri e che richiedi,*
> *stai creando quella situazione*
> *con i tuoi punti di vista."*
>
> Simone

# CAPITOLO 7
# Odiavo il denaro

*Brendon*

Qual'è la tua relazione con i soldi? Li ami o li odi? Vuoi scappare via dal denaro?

Nel passato non avevo una gran buona relazione con i soldi. In effetti li odiavo. Da ragazzino guardavo le persone attorno a me che litigavano e discutevano sempre riguardo al denaro. Ho visto così tanto abuso monetario, che prima dei miei dieci anni, avevo deciso inconsciamente che lo avrei evitato a tutti i costi. Quella singola decisione ebbe un impatto enorme sulla mia vita.

Quando avevo circa diciassette anni, me ne andai di casa e cominciai a lavorare Ogni venerdì, quando venivo pagato, spendevo tutto così rapidamente, che -il lunedì- tutti i miei soldi se ne erano andati. Tutte le volte che ricevevo una bolletta nella posta, la buttavo direttamente nella spazzatura, senza aprirla.

Se il mio telefono suonava e il numero non era visibile, mettevo giù, perché in genere significava che erano i riscossori.

Ad un certo punto mi tagliarono l'elettricità. Non avevo pagato la bolletta e probabilmente non l'avevo neanche aperta. Al tempo vivevo in un appartamento ed il mio coinquilino era fuori città, quindi non potevo neanche ottenere un prestito per pagare la bolletta. Che cosa ho fatto? Ho preso una prolunga e l'ho attaccata nella presa in corridoio, così potevo far andare il frigorifero. Quello era solo uno dei modi creativi con i quali evitavo il denaro e comunque, cognitivamente, non compresi il pieno impatto delle mie azioni.

Mentre i debiti aumentavano, il pensiero di ripagare un debito così grande sembrava proprio impossibile. Sepellii la testa nella sabbia e mi rifiutai di pensarci.

Poi, non molto dopo che Simone ed io comprammo casa insieme, dissi per caso che avevo un debito in tasse piuttosto grande. Lei mi chiese di quanto fosse.

"Più di duecentomila dollari.", risposi.

"Non è qualcosa che dovresti dire a qualcuno *prima* di andarci a vivere insieme?", mi chiese.

Aveva ragione. Avevo agito proprio come uno stronzo, nell'aspettare fino a *dopo* aver comprato una casa insieme, per dirle del mio debito.

Questo fu il momento in cui capii che avevo totalmente evitato il denaro in tutta la mia vita da adulto. Quando ero giovane, ogni volta che veniva nominato il denaro, si finiva per urlare e litigare. Già da piccolo avevo deciso che il denaro equivaleva all'abuso. Ciò che non riconoscevo era che scegliere di non avere soldi è anche un abuso, solo un altro tipo di abuso.

Diventare consapevole che avevo evitato il denaro è stata una grande rivelazione per me. Prima di allora, non sapevo come cambiare ciò che stava accadendo con le mie finanze. Mi sembrava impossibile. Quando cominciai ad avere chiarezza su cosa avevo creato, l'energia di 'impossibile' se ne andò. Se avevo creato quell'immenso debito con le scelte che avevo fatto, come sarebbe stato se avessi cominciato a fare scelte diverse? La prima persona a cui mi rivolsi fu Simone.

"Puoi aiutarmi?" - le chiesi - "Non so cosa fare qui.".

Lei suggerì che incontrassimo un contabile e cercassimo di ottenere un piano di pagamento per ripagare il debito. Ma fu rifiutato ed io fui costretto a dichiarare bancarotta. Osservai ogni scenario su dove fare o meno questa scelta, avrebbe avuto un impatto nella mia vita. Lessi molte informazioni e parlai a diversi contabili e ad altre persone competenti in quest'area. Dichiarare bancarotta è una grossa scelta e ti suggerisco vivamente di non lasciarti sfuggire niente nel fare i tuoi compiti a casa.

## INCONTRI FINANZIARI DI BASE

*Simone*

La disponibilità di Brendon ad avere chiarezza sulla sua situazione finanziaria creò un cambiamento enorme per lui. Creò anche enormi cambiamenti per me. Compresi che ero profondamente impegnata con lui e con ciò che stavamo creando insieme.

Avrei potuto dire a Brendon: "Cavatela da solo con il tuo debito.". Ma non sarebbe stato corrispondente all'energia di ciò che volevo creare. La nostra relazione non è basata sul dire all'altra persona cosa deve fare o essere. È basata sull'allowance ed il potenziarci l'un l'altro per essere più grandi.

Trascinavo Brendon con me alle riunioni con il nostro contabile. Più tardi cominciammo a fare sessioni informali con i nostri amici Steve e Chutisa Bowman. Andavamo in un ottimo ristorante e facevamo loro domande riguardo ai soldi e al business. Li chiamavamo i nostri 'Incontri Finanziari di Base'.

Se qualcuno che conosci sta creando un grande successo finanziario, ti suggerisco vivamente di fare una chiacchierata con lui. Offrirgli la cena o da bere e fagli un sacco di domande riguardo a cosa sceglie, così puoi aumentare la tua consapevolezza finanziaria.

Entrambi i Bowman hanno lavorato nel mondo aziendale per molti anni. Hanno scelto di creare un business che permettesse loro di creare un benessere più grande insieme. Infatti hanno fatto partire molti business di grande successo. Adesso viaggiano il mondo e tengono seminari insieme.

Quando ci incontrammo la prima volta con i Bowman per gli incontri finanziari di base, Brendon voleva addormentarsi o ubriacarsi. Fece tutto ciò che poteva per evitare l'argomento soldi.

Conoscevo bene l'energia dell'evitare, perché -una volta- quella era l'energia dalla quale funzionavo. Anni prima, mio padre, che era un contabile, provò a darmi lezioni di finanza e su come tenere i libri contabili. Ma, ogni volta che provava a parlarmi del lato finanziario del business, io diventavo nervosa e petulante e dicevo che non volevo saperne di quelle cose noiose. Io volevo solamente creare. Lui indicava i profitti e le perdite e diceva: "Non puoi avere le tue creazioni, finché non conosci anche queste.".

Dato che l'avevo fatto anche io, riconobbi l'energia che Brendon stava trasudando. Come con tutti gli strumenti di Access, quando sei disposto ad essere consapevole di una limitazione o di un punto di vista fisso, puoi cambiarlo.

Quando non sei disposto ad esserne consapevole, non puoi. Ti fai un disservizio quando eviti le cose. Invece riconosci a te stesso: "Ok, sarò completamente onesto con me stesso e avrò il coraggio e guarderò a ciò che ho creato attualmente, e poi guarderò a cosa posso cambiare", sii quell'energia nell'area dei soldi, del business, della relazione, del sesso, del tuo corpo o qualunque altra cosa nella vita.

Evitare l'argomento del denaro è evitare l'argomento della creazione. Il denaro è lo strumento che ti permette di creare di più nella vita. Ma cerchiamo di essere chiari: non è la fonte della creazione. Tu sei la fonte della creazione. Se ti stai rifiutando di guardare al denaro, se ti rifiuti di ricevere il denaro, se ti rifiuti di parlare del denaro, allora ti rifiuti di essere la fonte della creazione.

Così tante persone dicono di volere libertà, chiarezza e più facilità con il denaro. Ma ogni volta che si rifiutano di guardare al denaro e di parlarne, stanno evitando la libertà che potrebbero invitare in quest'area.

Per me, ogni volta che divento strana riguardo al denaro o uso il denaro per creare una stranezza nella nostra relazione, so che c'è qualcosa a cui devo guardare.

Questo accadde durante una classe di sette giorni di Access Consciousness che Brendon ed io stavamo frequentando.

Appena diventai consapevole di quell'energia, dissi: "Possiamo parlare? Mi sto sentendo a disagio riguardo ai soldi.".

Brendon mi guardò e disse: "Pensavo che avessimo già avuto questa discussione. I tuoi soldi sono i *nostri* soldi. Pensavo lo sapessimo già.".

Cominciai a ridere, dato il modo asciutto che aveva usato. Ma le energie dietro le sue parole erano le energie del donare, del contributo e della creazione, piuttosto che l'energia di 'prendere' ed io lo percepii chiaramente.

In quel momento diventai consapevole del senso di comunione che Brendon ed io avevamo riguardo al creare continuamente. Non è per il denaro. Riguarda il creare un futuro che funzioni per tutti e due che non riguarda i soldi (anche se permette ai soldi di mostrarsi).

Vidi tutti i luoghi e i modi diversi nei quali Brendon stava essendo un contributo, che non erano necessariamente monetari, ma che erano comunque contributi enormi. Mi ricordai i momenti nei quali lavoravo al computer tutto il giorno. La sera mi sedevo in cucina con un bicchiere di vino, mentre lui cucinava per noi una cena magnifica. Quello, per me, è creare insieme. Quello per me è il contributo che entrambi possiamo essere, mentre ci godiamo ciò che facciamo.

Brendon cucina una cena per noi e passerà ore a fare una salsa meravigliosa. Se provassi a farlo io, la troverei una delle cose più frustranti al mondo. Stare seduta in cucina e guardarlo mentre cucina è divertente, mentre lavoro al computer e creo ciò che mi diverte.

Come sarebbe se tu potessi scegliere ciò che è divertente per te, quello che ti dà gioia e a quel punto vi contribuiste l'un l'altro da quello spazio? Questo creerà qualcosa di molto più grande nella tua vita, piuttosto che scegliere di non stare in una relazione.

Un altro esempio di questo è stato la prima volta che ristrutturammo la nostra casa. Brendon supervisionò il tutto. Fece di sua mano persino alcuni rivestimenti e creò una delle stanze da bagni più incredibili che abbia mai visto. Ora, questo lotto di terreno, sulla spiaggia che abbiamo comprato, è un'incredibile creazione di entrambi, perchè entrambi abbiamo fatto l'esigenza di avere di più nelle nostre vite.

La volta successiva che ristrutturammo, Brendon non era lì a piastrellare, perchè non c'era bisogno di farlo. Adesso sceglierebbe di assumere un capo dei lavori per sorvegliare il cantiere, mentre lui viaggia in giro per il mondo, potenziando le persone. Questa è una scelta che fa adesso ed una preferenza che esprime.

Essere in grado di fare qualcosa dallo spazio della scelta e non dalla necessità, è un nuovo reame di possibilità. Prima, Brendon non era così occupato. Le sue creazioni erano diverse dalle mie. Cucinava questi pasti fantastici la sera e supervisionava la ristrutturazione della nostra casa. La mia vita non sarebbe grande come è oggi, se lui non avesse contribuito facendo quelle cose. Puoi fare anche tu questo nella tua relazione. Guarda a chi sta contribuendo finanziariamente e chi sta contribuendo cose che sono un'espansione della vostra relazione.

L'altro aspetto di questo è avere facilità con i vostri diversi ruoli, anche quando cambiano. Quando Brendon cominciò a guadagnare di più ed a viaggiare per il mondo senza di me, cominciai a domandarmi se lui avesse ancora bisogno di me.

Creai quasi una sensazione di separazione nella nostra relazione, finché non capii che Brendon sta con me semplicemente perché lo sceglie, non perché ha bisogno dei miei soldi. A lui piace uscire con me e creare con me. Il successo di Brendon ed il nuovo ruolo, mi hanno richiamato nel diventare ancora più vulnerabile. È un livello più alto di cura amorevole nel quale sono dovuta entrare, e la sto accogliendo sempre di più, in ogni momento.

## Capitolo 7 strumenti

· Qual'è la tua relazione col denaro?

· Lo ami o lo odi?

· Eviti il denaro?

*"Evitare l'argomento del denaro è evitare l'argomento della creazione."*

Simone

76

# CAPITOLO 8

# Posso avere i soldi adesso?

*Brendon*

Il punto di svolta per me fu il giorno nel quale finalmente capii che le persone attorno a me che avevano soldi si divertivano molto di più di me che ero sempre al verde!

Per trent'anni avevo scelto di essere ignorante e stupido in merito al denaro e ne avevo avuto abbastanza. Allora cominciai a guardare al cambiare i miei punti di vista. Sarebbe divertente avere denaro? Come sarebbe stato se avessi smesso di evitare il denaro, smesso di odiarlo e avessi cominciato a crearlo?

Liberarsi dei punti di vista sul denaro era solo il primo passo. Il secondo passo fu l'educazione. Come molte persone, non ero stato educato riguardo al denaro. Non avevo idea di come farlo o come gestirlo. Vedevo il denaro come i contanti che arrivavano dal buco nel muro, lo sportello del bancomat.

Ma i soldi non sono solo i contanti. Possono essere un milione di cose diverse. Il denaro può essere qualcuno che ti offre il pranzo, ad esempio, perché stai comunque ricevendo un flusso di entrata.

Vorrei poter dire che educare me stesso riguardo ai soldi sia stata una cosa divertente e meravigliosa. Ma all'inizio lo odiavo. Avevo così tanti dubbi su me stesso e su cosa ero in grado di fare. Non pensavo di essere abbastanza intelligente o istruito, dato che ero 'solo un piastrellista'. Tutti questi dubbi erano cose che avevo deciso essere vere, per rimanere povero. Se avessi cambiato i miei punti di vista, avrei cambiato anche la mia vita?

La buona notizia è che la vita può svoltare velocemente, se sei disposto a fare una scelta diversa ed esigere quello da te stesso. Allo stesso tempo, devi essere gentile con te stesso, quando ritorni alle tue vecchie abitudini, come io facevo periodicamente.

Simone era paziente con me. Sapeva che ero disposto ad avere denaro, ma che non avevo ancora imparato che potevo scegliere la mia vita. Non avevo ancora imparato che la felicità era una scelta. Incontravamo i nostri contabili ed entro cinque minuti io non vedevo l'ora di scappare. Il mio punto di vista era: "Fatemi uscire di qui. Questa cosa è così noiosa.".

Dato che avevo fatto l'esigenza di cambiare la mia situazione finanziaria, ero persistente. Tutte le volte che l'energia di evitare il denaro emergeva, la riconoscevo.

Per esempio, se aprire il conto della mia carta di credito mi rendeva veramente arrabbiato, frustrato o scomodo, me ne stavo lì con quelle energie e guardavo se qualcosa cambiava.

Cambiare qualcosa che avevo spinto via per così tanto tempo non è avvenuto in un istante. Ma non sarei più scappato e non avrei più evitato il denaro. Sono rimasto lì, con quell'energia di scomodità, così frustrante.

Arrivai ad un punto nel quale divenni curioso riguardo al denaro. Cominciai ad esplorare come funzionavano le finanze e gli investimenti. Ed è così che rivoltai la mia situazione finanziaria. Il momento più importante fu quando capii cosa mi stava limitando e poi l'essere onesto con me stesso. Questo mi permise di vedere che, mentre Simone aveva evitato le relazioni, io avevo evitato le relazioni ed i soldi. Ebbi un doppio smacco.

Se vuoi una vita più grande, devi essere brutalmente onesto con te stesso. Potresti dover ammettere: "Ok, sono proprio uno stronzo" quando arrivi a capire cosa stavi evitando. Non c'è bisogno che tu lo dica in giro o che tu diffonda i tuoi grossi, cattivi e brutti segreti. Ma non puoi continuare a mentire a te stesso, dato che quei grossi, cattivi e brutti segreti probabilmente stanno arrestandoti dall'andare avanti nella tua vita. Appena menti a te stesso, tagli via la tua consapevolezza e ti blocchi nella tua stessa storia.

Se nascondi qualcosa o non sei disposto a guardarla, non puoi andarvi oltre.

Molte persone dicono: "Ho questo problema di soldi. Perché questa cosa non può cambiare?". Ma quella prospettiva è veramente tua? Per me è stato abbastanza liberatorio comprendere che il 90% dei punti di vista che avevo riguardo al denaro non erano neanche miei. Appartenevano ad altre persone: le persone con le quali ero cresciuto e gli amici con i quali uscivo.

Se guardi indietro alla tua vita da bambino e guardi al modo nel quale le persone attorno a te si comportavano con il denaro, potrai facilmente individuare i momenti nei quali hai preso alcune decisioni che hanno avuto un impatto sul tuo futuro. La buona notizia è che, una volta che riconosci che quelli sono semplicemente dei punti di vista, li puoi cambiare.

Se desideri più denaro nella tua vita, devi fare scelte diverse. Molte persone pensano che la scelta significhi semplicemente dire le parole: "Scelgo di avere più soldi.". E poi stanno a casa a guardare *Il Trono di Spade* tutto il giorno.

Questo non è fare una scelta! Se desideri guadagnare mille euro, sii disposto ad andare fuori e fare qualsiasi cosa serva per crearli.

Trova un secondo lavoro, diventa un autista di Uber, o fai qualsiasi cosa sia divertente per te che ti porti soldi.

Se fissi un obiettivo e ci vai, per favore riconosci ciò che hai creato. Da lì, la tua vita comincerà a muoversi. E quando si muove in avanti, comincerà a muoversi più velocemente.

# NESSUNO DEVE AVERE UN PROBLEMA DI SOLDI

## Simone

Ad un certo punto ho chiesto a Brendon: "Come sarebbe se tu fossi il Direttore Finanziario delle nostre società?". Abbiamo una serie di società in fondi fiduciari che usiamo per vari investimenti per creare la nostra realtà finanziaria. Nel mondo del business, il Direttore Finanziario è colui che guarda costantemente a ciò che nel business espanderà, crescerà e farà più soldi con facilità. Io posso farlo, ma non è una cosa che mi diverte così tanto. In passato controllavo tutto il denaro che creavo, ma ciò che è più divertente per me è proprio creare il denaro.

Quindi Brendon divenne il Direttore Finanziario e adesso gestisce tutto ciò che ha a che fare con i nostri soldi e gli investimenti.

Ci sono molti strumenti e suggerimenti in questo libro e molti non sono facili. Non sono stati la scelta più facile da fare in quel momento, ma ogni scelta che abbiamo fatto, basata sugli strumenti che sono in questo libro, ha permesso che qualcosa di più grande di prima si mostrasse.

Permettere a Brendon di prendere il controllo delle nostre finanze non era una scelta facile per me. Dato che ero così abituata ad avere il controllo totale, ho dovuto imparare a scegliere un'energia diversa. Ciò che mi aiutò fu il capire che se avessi lasciato andare il controllo totale, non avrei avuto solo le mie consapevolezze, avrei avuto anche le sue consapevolezze su cosa avremmo potuto creare.

E ciò che abbiamo creato insieme è fenomenale. Dubito che avrei creato così velocemente se non avessi avuto Brendon nella mia vita e come parte delle finanze delle nostre società, Milasas Watt. In verità, nessuno deve avere un problema di soldi. Puoi creare un risultato più grande e entrate maggiori se sei disposto a lavorare veramente sull'argomento dei soldi insieme, nella tua relazione.

Brendon ed io abbiamo un piccolo strumento divertente che usiamo se uno di noi si contrae riguardo al denaro: l'altro va a fare shopping! È un gioco che facciamo per ricordarci che ci sono un sacco di strumenti sul denaro a disposizione e che non devi avere un problema di denaro. Se mi contraggo riguardo al denaro, Brendon andrà online e farà shopping. Oppure, se lui si contrae, io farò la stessa cosa. È incredibile quanto velocemente superiamo i nostri ipotetici problemi di soldi!

Arrivare al livello al quale io rinunciai al controllo sulle nostre finanze, il livello nel quale ero disposta ad accettare che Brendon, in quanto Direttore Finanziario, potesse perdere tutto, così avremmo potuto veramente avere tutto- non è stata una scelta facile. Guardando indietro adesso, posso dire che, se permetti a te stesso di fare scelte come questa, ciò che viene creato è una realtà molto diversa. È *divertente*, e questo è ciò che dovrebbero essere le relazioni.

Ricorda di essere disposto a cambiare l'energia quando si blocca e contrae. Un'amica ha un modo molto creativo di gestire questi momenti. Quando lei ed il suo partner si contraggono riguardo ai soldi, si spogliano in qualsiasi stanza siano in quel momento, che sia in salotto, in cucina o in camera da letto. Si tolgono i vestiti e cominciano a parlare di soldi, cosa che in genere li fa ridere. Il mio suggerimento è di trovare lo strumento che funzioni per te, qualcosa che porti il *problema* fuori dal problema dei soldi che stai avendo e che lo trasformi in una possibilità: il dono della possibilità che puoi scegliere con qualcuno.

## Capitolo 8 Strumenti

- Se vuoi avere più soldi, comincia a fare scelte diverse. Trova un secondo lavoro, diventa un autista di Uber, o fà qualsiasi cosa sia divertente e che ti porti soldi.

*"Sii gentile con te stesso se ritorni alle vecchie abitudini, come ho fatto anche io, periodicamente."*

Brendon

# Fare sesso per divertimento

## Simone

I soldi ed il sesso sono probabilmente i due aspetti meno discussi nelle relazioni, i più segreti, i più nascosti, i più complicati.

Gli atteggiamenti riguardo al sesso si formano abbastanza presto. Per esempio, si pensa che le giovani donne cerchino una relazione e vengono fortemente scoraggiate dal fare sesso occasionale. Quando si parla di sesso, c'è qualcosa chiamato la regola dell'1- 2- 3. Immagina di vedere qualcuno in una stanza affollata e finire per farci sesso solo per divertimento. Dato che il sesso è considerato importante nella nostra società, cominci a pensare a che cosa significhi, a quale aspetto dovrebbe avere e a quando rivedrai quella persona.

Anche se non lo fai cognitivamente, cominci a creare la storia di come sarebbe se fossi sposato con questa persona.

La prima volta che fai sesso con qualcuno, è sempre per divertimento. La seconda volta, sei già in relazione con quella persona. La terza volta, lo stai considerando inconsciamente un matrimonio. Hai già cominciato a creare la storia di come sarebbe la vita se fossi sposato con quella persona. Questo è ciò che accade per la maggior parte delle persone.

Non sto dicendo che debba essere vero per te. Prendi in considerazione questa domanda: come sarebbe se ogni volta che facessi sesso, non significasse niente o non dovesse portare a niente?

Scegliere di fare sesso per puro divertimento, può essere solo una scelta, tanto quanto scegliere di essere in relazione o meno. Comunque molte donne hanno pianificato tutto. Hanno tutti questi ideali riguardo alla relazione perfetta per loro: il mestiere che il loro uomo dovrà fare, la macchina che guiderà, l'università che dovrà aver frequentato. Alcune scelgono anche la sottoveste da sposa da indossare un giorno.

Che cosa c'è nella tua lista dei desideri per il tuo compagno ideale? Hai deciso che deve essere un uomo o una donna? Deve vivere nel tuo stesso paese? Hai deciso che deve essere più vecchio di te o più ricco?

Quante donne, segretamente, non desiderano avere un partner che sia più basso di loro? Ogni decisione è una limitazione.

Se avessi chiesto che Brendon si mostrasse, la mia lista dei desideri avrebbe dovuto includere cose come: "Qualcuno che abbia undici anni meno di me, che abbia un figlio, che abbia un debito di ventimila dollari, che russi, che fumi.....".

## Brendon

Ero un ottimo partito!

È proprio vero. Se Simone avesse scritto una lista dei desideri dei *suoi* ideali riguardo ad un uomo, avrebbe potuto scrivere una cosa come: "Non deve fumare, non deve avere un figlio, non deve avere debiti, non deve....", e non sarebbe stata in grado di ricevere me.

Se devi proprio avere una lista di attributi o caratteristiche che desideri in un futuro partner, queste sono le cose che ha indicato Gary:

1. Qualcuno che contribuisca finanziariamente (che crei lui stesso denaro o può essere come me, che contribuisco alla vita di Simone, così che lei abbia più tempo per creare denaro)

2. Qualcuno che ti lasci fare il cavolo che ti pare (e tu gli lasci fare il cavolo che gli pare).

3. Qualcuno che sia bravo a letto.

Quando si parla di sesso, le persone adorano fare queste cose che in Access chiamiamo fissati sessuali. Sono le persone che interpretano quasi qualunque cosa come se riguardasse il sesso. Per loro il significato di tutta la relazione è basato sul sesso: se stai facendo sesso o non stai facendo sesso, quante volte lo fai alla settimana, ecc, ecc.

Poi c'è un'altra fase che chiamiamo essere fissati di testa. Per esempio quando, dopo che hai fatto sesso con qualcuno, pensi costantemente a quando ti chiamerà o a cosa fa. Hai tutto questo costante chiacchiericcio mentale, basato sul punto di vista che, dato che hai fatto sesso con una persona, altre cose accadranno. Nella testa stai sempre pensando: "Mi chiamerà? Farà questo o quello?".

*Simone*

C'è un'altra fase che si chiama essere fissati di cuore. Per esempio, se il tuo amante non ti manda i fiori a San Valentino, che cosa significa? Oppure, *se te li manda*, cosa significa? Ti manda dodici dozzine di rose o una sola rosa rossa?

Oppure , se fossi ad una festa e la tua fidanzata non ti desse un bacio quando arriva, cosa vorrebbe dire? Ogni cosa *significa* qualcosa. Conosco bene questo tipo, perchè più di ogni altra, io sono una fissata di cuore.

Le persone pensano che le fissazioni di cuore, le fissazioni di testa o le fissazioni sessuali le aiuteranno nelle loro relazioni. Se sei un fissato di testa, per esempio, pensi che far funzionare la tua relazione ti darà chiarezza. In effetti, non ti dà nessuna chiarezza. Ti farà girare in tondo, a pensare costantemente riguardo al significato di ogni cosa che accade.

Rendere ogni cosa piena di significato limiterà ciò che può mostrarsi per te. Prendiamo la convenzione che prevede che l'uomo porti i fiori alla donna per gli anniversari ed i compleanni. Se mi fossi aspettata che Brendon mi portasse fiori, sarei stata molto delusa. Brendon non lo fa.

Ma ci sono state alcune volte nelle quali mi ha regalato fiori spontaneamente ed erano stupendi. Una volta, stavamo visitando Roma, Brendon si fumava una sigaretta sul balcone del nostro appartamento. A Roma ci sono degli ambulanti che vendono fiori. Brendon si sporse dal balcone e lanciò un grido ad uno degli ambulanti. Poi corse giù e prese due dozzine di rose rosse a gambo lungo ad un prezzo ridicolo. L'attimo dopo il portiere era alla porta con questi bellissimi fiori per me in un vaso. Era così inaspettato e così divertente!

Un'altra volta, Brendon mi portò i fiori dopo un grosso intervento. Ero frustrata dal fatto che ci volesse molto per guarire e ricominciare a lavorare. Pensavo di essere un peso per tutti attorno a me. Venivano su così tanti punti di vista folli. Brendon tornò a casa un giorno con un enorme mazzo di fiori. Salì in veranda, dov'ero io, e mi diede i fiori e un biglietto stupendo. Nel biglietto aveva scritto che non sarei mai stata un peso nella sua vita e che ero una tale ispirazione per lui. Io scoppiai a piangere.

Quando sei in allowance del tuo partner, a prescindere da ciò che sceglie, puoi ricevere i suoi atti casuali di gentilezza. Se avessi avuto il punto di vista che Brendon mi avrebbe dovuto portare i fiori per il mio compleanno o per il giorno di San Valentino e mi fossi infastidita quando non lo avesse fatto, non sarei stata in grado di ricevere le volte nelle quali, spontaneamente, ha scelto di donarmi fiori.

....

Con l'essere fissato di cuore e fissato sessuale, se lo sei stato per tutta la vita da adulto, e volessi cambiare, prima di tutto devi superare il punto di vista che creerà veramente qualcosa di diverso dalla confusione. Altrimenti continuerai a farlo continuamente in varie relazioni.

Osserva le relazioni attorno a te. Quante persone usano la fissazione di cuore, la fissazione di testa o la fissazione sessuale come modo per creare separazione? Forse l'hai fatto anche tu nelle relazioni passate.

Ci vuole un certo coraggio per uscire da questo modo di fare. Devi essere vulnerabile, abbassare le tue barriere ed essere onesto con te stesso. Cosa hai deciso che la fissazione di cuore creerà per te? Cosa hai deciso che la fissazione di testa creerà per te? Cosa hai deciso che la fissazione sessuale creerà per te?

Quando ho compreso che la fissazione di cuore non avrebbe creato comunione totale, cominciai ad essere vigile e ad accorgermi ogni volta che lo facevo. È un muscolo che devi allenare. Ogni giorno, ogni volta che mi accorgo che sto facendo fissazione di cuore, lo distruggo e screo e chiedo una realtà diversa. Perchè ciò che desidero è consapevolezza totale e totale coscienza nella relazione e in tutta la mia vita.

*Brendon*

Una delle cose che amo di Simone è che, quando si accorge che sta facendo fissazioni di cuore, si ferma. A volte ci vuole un aiutino da parte mia, ma lo riconosce ogni volta. Lei si tirava su e lavorava duro fino a cambiarlo. Era fantastico.

Tutto è cambiabile, basta che tu non ti beva qualunque cosa stia succedendo all'altra persona. Non resistere, non avere conclusioni riguardo a ciò che dovrebbero scegliere. Quella allowance dà loro lo spazio per cambiare le cose molto più velocemente.

## Capitolo 9 Strumenti

- Cosa hai deciso che la fissazione di cuore creerà per te?

- Cosa hai deciso che la fissazione di testa creerà per te?

- Cosa hai deciso che la fissazione sessuale creerà per te?

*"Tutto si può cambiare."*

Brendon

# PARTE SECONDA
# CREARE UNA RELAZIONE FENOMENALE CHE FUNZIONI PER TE

# CAPITOLO 10

# Sono single, è sbagliato?

## Simone

Essere single non è sbagliato. Non è cattivo, malvagio o orrendo.

Quando ero single e vivevo da sola a Peregian Beach, nel Queensland, lo adoravo. Ad un certo punto, stavo pensando di comprare una proprietà come investimento e ristrutturarla. Ora, decisamente io non sono una donna che ama i lavori manuali! Ricordo di aver pensato: "Ho due alternative: posso comprare una casa già ristrutturata o posso trovare qualcuno che lo faccia per me.".

Non avevo la sensazione che mi mancasse qualcosa nella vita perché non avevo un partner che fosse un tuttofare.

Essere single non è sbagliato, non è cattivo, malvagio o orrendo.

A Brendon e a me è stata fatta spesso una domanda da persone che dicono di desiderare una relazione, ma non riescono a trovare nessuno e nemmeno ad avere un appuntamento: *"Cosa sto sbagliando?"*.

Potresti odiare questa risposta, ma se sei single e desideri una relazione e questa sembra eluderti, probabilmente è perchè non la desideri.

Quindi spesso le persone confondono la relazione con una favola. Ma è la cosa più lontana possibile da una favola. Non c'è il cavaliere dall'armatura scintillante o la bionda perfetta, alta e magra e abbronzata tutto l'anno. Brendon non cavalca un cavallo bianco (ha un cavallo grigio maculato e uno marrone, ma non si adegua all'immagine di un cavaliere in armatura. Anche se, quando lo guardo a cavallo, è il mio cavaliere).

Se desideri davvero creare una relazione, la prima cosa alla quale guardare è che cosa significhi per te. Ti porta fuori da qualcosa? Ti porta dentro a qualcosa? Ti salva? Crea limitazione? Crea contrazione? Sii disposto a osservare che cosa è vero e reale per te in ogni momento.

Anni fa, avevo il punto di vista che le relazioni non erano gioiose. Non ne vedevo di belle, allora perché sceglierne una?

Il giorno in cui cambiai il mio punto di vista sulle relazioni, fu il giorno in cui Brendon entrò nella mia vita.

Il primo passo è lasciar andare tutte le decisioni che hai preso sulle relazioni. Per ogni donna che sta leggendo questo: se hai deciso che qualcuno arriverà e si prenderà cura di te, ti darà una casa, ti servirà vino e ti preparerà la cena, sii pronta a lasciar andare quell'idea. Perché? Ogni decisione limita cjò che può mostrarsi. Stai cercando di ordinare in posizione una relazione pre-pianificata, piuttosto che ricevere le infinite possibilità che sono disponibili.

Sei disposta ad avere un uomo che arrivi nella tua vita perchè *tu* te ne prenda cura? Come sarebbe se lui non avesse denaro e tu fossi la vacca coi soldi? Saresti disposta ad avere e scegliere questo? Perchè non esiste la scelta giusta.

Brendon ha undici anni meno di me. Questa realtà lo definirebbe un 'toy boy'. L'abbiamo fatto anche noi e ci siamo divertiti molto con questo. Brendon ha cercato su Google le parole 'toy boy' e mi ha detto: "Sai qual'è il lavoro di un toy boy? Avere un bell'aspetto e spendere un sacco di soldi!". Abbiamo riso, perchè quello è ciò che stava accadendo ad un certo punto nella nostra relazione.

# LE BUGIE DELLA RELAZIONE

## Brendon

Per molti uomini, i nostri padri ci danno insegnamenti sulle relazioni. Ma il problema è che la maggior parte di quegli insegnamenti non sono molto buoni di per sé.

Alcuni uomini hanno padri che insegnano loro a trattare le donne con riguardo: il mio non lo ha fatto. Osservavo il modo in cui mio papà si comportava e pensavo: "Come puoi trattare le persone così?". Fortunatamente per me, ho sempre avuto un certo riguardo per gli altri, quindi non mi bevvi la bugia che mio padre stava perpetrando.

Le bugie sono un grosso argomento in tutte le relazioni. Non parlo delle bugie che dici al tuo partner, o le bugie che loro dicono a te. E non parlo neanche dei segreti che tieni per te. Parlo delle bugie che ti sei bevuto da chiunque nella tua vita. Per creare i tuoi punti di vista sulla relazione.

Perché lo dico? Da bambini, a molti di noi non è stato insegnato a scoprire che cosa è vero per noi con le relazioni, con i soldi o con ogni altro aspetto dell'esistenza. Crescendo, ad esempio, se io avessi mostrato qualsiasi gentilezza o cura amorevole per le altre persone, mio papà mi avrebbe detto: "Sei proprio una ragazzina. Sei proprio un finocchio. Non sarai mai un duro.". Ho imparato che per essere un uomo dovevo essere ruvido e duro.

Mi è stato anche detto: "Devi lavorare duro per i soldi.". Poiché pensavo fosse vero, a diciassette anni ottenni un lavoro e mi feci un culo così, per guadagnare in realtà non molto.

Il problema è che le persone alle quali guardiamo per cercare un esempio, hanno basato *i loro punti di vista* sulle bugie degli altri. Dal primo giorno, usiamo quelle bugie per creare i nostri punti di vista. Dato che i nostri punti di vista creano la nostra realtà, e li abbiamo basati sulle bugie, allora forse tutta la realtà è basata sulle bugie!

Ci sono bugie in ogni area della vita: il denaro, il sesso, le relazioni, il business, la famiglia, i figli, i partner: *ogni cosa.* Se sei bloccato o hai un problema in qualsiasi area della tua vita, normalmente ci sono alcune bugie li.

Le bugie possono essere un modo subdolo di abusare di te stesso. Quando basi le tue scelte sulle bugie, non cerchi la grandezza che sei. Non capisci che sei la fonte della tua vita. Tu non sei le tue bugie,. Non sei i tuoi piani segreti. Tu sei *tu.*

Scegliere te comincia con il chiedere a te stesso: "Che cosa so? Che cosa è vero per me?".

La mia relazione con Simone funziona, perché non rinuncerò ai miei punti di vista per i suoi e lei non rinuncerà ai suoi per i miei. Lei non si aspetta che io tagli via parti di me per lei.

Non siamo entrati in questa relazione con l'idea che ci avrebbe resi interi ed ora che siamo insieme, siamo una cosa sola.

Per favore, non cominciare una relazione con l'idea che ti renderà completo o che sarai una cosa sola con l'altro. Queste sono bugie.

Riconosci che, solo perchè ti sei bevuto una bugia o hai deciso di funzionare dalle bugie, non deve essere permanente. Alcune cose sono venute su per me quando non ho riconosciuto una bugia per quasi sette anni, ma era evidente per chiunque altro quanto le palle di un canguro! Appena vidi la bugia, fui in grado di cambiare le cose.

Puoi cambiare qualsiasi cosa in un battito di ciglia, se sei disposto a osservare ciò che sta limitando la tua vita e dove le cose non stanno funzionando. Sii onesto con te stesso e le cambierai.

# CONGRUENZA È COME LE COSE VANNO INSIEME

*Simone*

Se in questo momento non sei in relazione, è perchè non ne vuoi una. Forse hai cercato di accontentare la tua famiglia, fingendo di scegliere una relazione, mentre in realtà ti stai divertendo, viaggiando attorno al mondo, facendo qualunque cosa tu scelga. E non devi preparare la cena per due.

Qui è dove devi essere onesto con te stesso, perché, per creare una relazione, devi essere congruente con ciò che stai chiedendo. Cos'è la congruenza? Essere congruente con ciò che stai chiedendo, significa venire fuori dalla bugia dell'impossibilità.

Diciamo che stai chiedendo di avere più soldi nella tua vita. Vai fuori a cena e vedi una bottiglia di buon vino che vorresti bere, ma pensi istantaneamente che non te la puoi permettere. In quel secondo spaccato hai rifiutato il denaro. Questo non riguarda il dover comprare il vino più costoso ogni volta che vai fuori a cena. Riguarda il riconoscere che, ogni pensiero, sentimento ed emozione riguardo al fatto che qualcosa non sia possibile, crea le bugie sopra le quali hai costruito la tua vita.

È vero che non ti puoi permettere una bottiglia di vino costosa? Forse non oggi, ma un giorno probabilmente potrai.

Quando sei energeticamente congruente con ciò che stai chiedendo, c'è un entusiasmo naturale nel tuo mondo. Sei così invitante che le persone sono attratte a te irresistibilmente e desiderano donarti di tutto. Questo è molto facile vederlo nei bambini. Quando il figlio di Brendon, Nash, sta essendo se stesso, io desidero dargli tutto e niente è un limite. Quando non è se stesso, o si comporta come un adolescente scontroso, non desidero dargli niente. Il suo livello di ricevere non è congruente con ciò che sono disposta a donargli.

La congruenza è come le cose vanno insieme. Quando sei felice, sei congruente con la tua vita. Vai fuori e lavori creando tutto ciò che desideri. Per esempio, quando volevo andare oltremare per la prima volta, ho ottenuto tre lavori. Uno degli impieghi era lavorare in un locale nei weekend, così non sarei uscita con i miei amici a spendere soldi *nei* locali. Desideravo viaggiare. Ed avere tre lavori era congruente con quel desiderio.

Se dici che ameresti creare una relazione, non startene lì seduto a non fare niente. L'universo non ha nessuna limitazione. Se chiedi di avere una relazione l'universo aprirà tutte le porte che permetteranno che questo accada.

Ciononostante, in molti vanno in giro sbattendole per chiuderle, dicendo: "No, no, no! Forse passerò per quella porta tra cinque anni.".

Se sei sincero riguardo al creare una relazione, quale azione potresti fare oggi? Per esempio potresti uscire per un appuntamento o andare in un posto nuovo, dove potresti incontrare una persona divertente ed interessante. Dopo tutto, qual è la cosa peggiore che potrebbe succedere? Se facessi alcuni passi oggi, verso l'avere ciò che desideri come la tua vita, nella relazione e nel sesso, la cosa peggiore che potrebbe accadere è che tu cada e debba rialzarti. Ok, bene. Come sarebbe se quella fosse l'avventura del vivere?

# CHIEDERE UN COMPAGNO DI GIOCHI

*Brendon*

Parliamo di uscire per un appuntamento. La prima cosa da guardare, riguardo a qualcuno col quale vuoi uscire, è se sarà una persona divertente. Per favore, comincia a farti questa domanda: "Sarà divertente?". Se sei consapevole che no, non lo sarà, non fare altre domande. Passa oltre.

Se chiedi: "Sarà divertente?" e percepisci un senso di leggerezza, ciò significa: "Sì!" e tu stai cercando qualcuno col quale giocare, allora esci e goditela.

Se la domanda che stai facendo *in realtà* è: "Questa persona sarà divertente e io otterrò un anello al dito? Sarà divertente e quanto ci metterò a fargli fare ciò che voglio? Quanto ci metterò a plasmarlo nella persona che dovrebbe essere? Quanto passerà prima che mi tratti come la principessa che sono veramente?"... Allora hai già rovinato ogni singola possibilità futura che potresti avere con quella persona, con tutte quelle proiezioni ed aspettative.

Come sarebbe se, uscire con qualcuno per un appuntamento, riguardasse il trovare qualcuno che sia veramente una compagnia divertente? E non cercare una guardia carceraria che controlli la tua vita, o che tu possa controllare?

Un compagno di giochi è qualcuno a cui puoi chiedere: "A cosa giochiamo?". Questo fa emergere un senso di giocosità ed eccitazione nel tuo mondo? Porta quello nel tuo appuntamento, perchè gli appuntamenti dovrebbero riguardare il godersela. Vivere dovrebbe riguardare il divertirsi. Il sesso dovrebbe riguardare il divertirsi, ma tutti ci comportiamo seriamente e ce ne preoccupiamo, chiedendoci: "Che aspetto l'altra persona vuole che io abbia? Che cosa vuole che io sia?". Il mio suggerimento è di essere te stesso. Se sono intelligenti, si godranno ciò che sei. Se scappano, non li vorresti comunque.

...

Ipotizziamo che tu ti diverta così tanto al tuo appuntamento, da voler andare a letto con quella persona quella stessa sera. Non smettere di fare domande. Potresti chiedere: "Sarò felice dopo? Imparerò qualcosa? Sarà grato?".

Come sarebbe se il sesso fosse come giocare a frisbee? Puoi lanciarlo una volta, o lanciarlo cinquecento volte finchè non cade, finchè non è divertente.

Spesso le persone decidono quale aspetto dovrebbe avere il sesso e nel momento in cui vanno veramente a letto, sono così presi da ciò che devono fare, che non sono presenti con il loro amante. Quante persone sono presenti durante il sesso? Se sei disposto a non avere alcun punto di vista riguardo al sesso, puoi essere veramente presente con ciò che sta accadendo e ricevere qualcosa di diverso da esso. Il sesso riguarda il ricevere, quindi, più è divertente, più soldi farai e tutto diventerà più facile nella tua vita.

Ora, se sei in relazione o stai uscendo con qualcuno che fa check out durante il sesso, non è necessariamente un' erroneità. Molto facilmente, non ci è stato insegnato come essere presenti durante il sesso, quindi cerca dei modi per far sì che l'altra persona sia presente. Potresti legarla e poi solleticarla con una piuma. Ma, signore, non chiedete ad un uomo: "Cosa ci vorrebbe che tu fossi presente?". Probabilmente si renderà sbagliato e lo perderete. Quindi sii più sottile nell'incoraggiarlo ad essere presente. E questo potrebbe implicare il mio strumento più importante: stai semplicemente zitta.

## Capitolo 10 Strumenti

- Se sei sincero riguardo al creare una relazione, osserva quali azioni potresti fare oggi. Forse potresti andare in un posto nuovo o uscire per un appuntamento.

- Prima di uscire con qualcuno, chiediti: "Sarà divertente?". Se sei consapevole che non sarà divertente, passa oltre.

*"L'universo non ha alcun limite."*

Simone

*"Scegliere per te inizia col chiederti: che cosa so? Che cosa è vero per me?*

Brendon

# CAPITOLO 11
# Intimità

*Simone*

Spesso fraintendiamo l'intimità con lo spogliarci e fare sesso. Il sesso è una piccola parte della relazione. Non fraintendetemi, è una parte grandiosa, ma non è l'intimità. La tua scelta di essere intimo è ciò che crea l'intimità.

Non puoi avere intimità con qualcun altro, finché non la hai con te stesso. Ed è più facile di quanto immagini. Precedentemente, nel libro, ho parlato dei cinque elementi per creare intimità. Essi sono vulnerabilità, allowance, gratitudine, onore e fiducia.

Quando per la prima volta ne ho sentito parlare, in una classe di Access, li ho scritti su di un post-it e l'ho messo sullo specchio del bagno. Alla fine di ogni giorno, guardavo a tutti i posti nei quali non avevo scelto vulnerabilità allowance, gratitudine, onore, e fiducia con me stessa.

Non mi giudicavo per non aver fatto tutto giusto quel giorno, semplicemente distruggevo e screavo tutto. Così è come ho cominciato a creare un senso più grande di intimità con me stessa. Per Brendon e me, l'intimità è la scelta giornaliera di avere questi cinque elementi con noi stessi e l'uno con l'altra. Ogni scelta che facciamo è un onorare noi stessi e l'altra persona.

Vulnerabilità, allowance, gratitudine, onore, e fiducia non sono sempre ciò che pensiamo siano. Per esempio, la vulnerabilità è spesso considerata una debolezza. Molti di noi sono cresciuti con i pugni alzati, pronti a proteggersi. Abbiamo costruito muri per mantenerci al sicuro. Questi muri devono essere fatti di materiale indistruttibile, perchè niente e nessuno possa superarli!

Ma in una relazione devi essere vulnerabile. Invece di costruire muri, sii consapevole di ogni scelta che fai e di ogni scelta che l'altra persona fa. La vulnerabilità non è debolezza. È una forza enorme. È come essere una caramella gommosa: punzecchi una caramella gommosa e cosa accade? Rimbalza.

Quando sei vulnerabile, non puoi essere distrutto, perché saprai sempre cosa funziona per te. Hai vera scelta in ogni aspetto della tua vita.

## Brendon

Crescendo, ho decisamente pensato che fosse sbagliato essere vulnerabile.

La vulnerabilità implica aprirti alle cose esterne che possono farti male. Perfino un muro di mattoni può essere vulnerabile: se rimuovi un particolare mattone, questo può indebolire l'intero muro.

Da ragazzino, questo mi confondeva, perchè trovavo l'essere vulnerabile sia facile (era la mia natura), sia una certa sfida (rendeva più facile l'essere ferito). Quando non hai né muri, né barriere, ricevi tutto ciò che accade attorno a te.

Mi ricordo chiaramente un giorno in particolare. Avevo circa sei anni, ero seduto sotto un albero fuori da scuola e piangevo disperatamente. Fino a quel momento, non c'era stato un solo giorno nella mia vita nel quale non piangevo per qualcosa. Percepivo un' enorme tristezza nel mondo, e, dato che nessuno mi aveva insegnato niente di diverso, pensavo di essere io quello triste.

Quel giorno a scuola, decisi di smettere di essere vulnerabile. Ho cercato di cominciare ad adeguarmi a chiunque altro, perché altrimenti, capii, la vita sarebbe stata troppo dura. Quindi passai i successivi ventiquattro anni cercando di adeguarmi. Ma neanche quello ha funzionato per me.

Dopo essere andato a molte classi di Access Consciousness, ho guardato di nuovo all'energia della vulnerabilità. Ho notato le aree della mia vita nelle quali stavo tirando su i muri e ho capito che sarebbe stato molto più facile ricevere persone, situazioni ed energie diverse se non avessi avuto alcuna barriera.

Non costruiamo solo muri attorno a noi; ma persino fortezze. Di colpo sono lì per tenerci al sicuro, mentre noi ci stiamo barricando al loro interno. L'idea di aver bisogno di protezione da una qualsivoglia cosa, è una bugia. Come essere infinito, perché dovresti aver bisogno di protezione da qualsiasi cosa?

Essere vulnerabile è come essere una roccia nel fiume: tutto ti gira attorno, e nulla ha effetto su di te. Non hai muri né barriere che ti proteggano da nulla.

Al giorno d'oggi quando vengono su delle cose che non voglio guardare o che sembrano difficili da gestire, trovo che siano molto più facili da cambiare, se funziono da uno spazio di vulnerabilità. Faccio tutto ciò che posso per non alzare le barriere verso nulla. E ricevo moltissime più informazioni ...perché quando sei vulnerabile l'universo ti donerà qualsiasi cosa.

Vulnerabilità è la disponibilità a riconoscere che non sei perfetto e non devi esserlo.

Vulnerabilità è la comprensione che ci sono delle cose veramente fighe che ti riguardano e alcune cose veramente non fighe che ti riguardano. Non ti nascondi da niente e da nessuno.

Più di ogni altra cosa, non nascondi lo splendore che sei. Pensiamo che le cose che nascondiamo di più siano le nostre meschinità o la nostra rabbia. La verità è che più spesso nascondiamo il nostro splendore.

## SII TE STESSO AD OGNI COSTO

*Simone*

Vulnerabilità è anche osservare *qualsiasi cosa* che emerga per te, senza doverla reprimere o mostrare un'espressione coraggiosa, anche se ti rende scomodo.

Un giorno, agli inizi della relazione con Brendon, andai a fare una camminata sulla spiaggia e cominciai a guardare la mia vita, a ciò che veramente desideravo creare e a ciò che stava effettivamente venendo creando.

Quando tornai a casa, mi sedetti sul letto e cominciai a piangere. Brendon arrivò e mi chiese cosa stesse succedendo.

"Non so se ce la faccio", risposi. "Che cosa intendi? Fare cosa?", chiese lui.

A quel tempo vivevamo nella mia casa di città con due camere da letto, dove avevo vissuto da sola. La seconda camera da letto era il mio studio, ed aveva un divano letto nel quale dormiva Nash la maggior parte delle notti.

Dissi a Brendon: "Non ho mai nemmeno pensato che avrei avuto un bambino e adesso ne ho uno di cinque anni che mi sta attorno tutto il tempo.".

"Beh" -lui rispose- "evidentemente mi porto dietro un bambino di cinque anni.".

Appena lo disse, lo colsi. Aveva ragione.

Continuò: "Non dobbiamo avere una relazione in questo modo. Posso trasferirmi da un'altra parte. Non vuol dire che dobbiamo lasciarci. Vuol dire solo che avrà un aspetto diverso, perché non vivremo più insieme. Che cosa vorresti?".

Fui così grata che lui fosse disposto a chiedere che cosa avrebbe funzionato per me. Non mi diede un ultimatum, né mi presentò una soluzione prendere o lasciare, perché non è mai un universo di out-out.

Nelle relazioni, devi capire che hai scelta e devi continuare a chiederti ogni giorno: "*Che cosa desidero creare veramente?"*. Devi avere ciò che desideri creare veramente. È imperativo. Non puoi perderti nella realtà di qualcun altro. Devi sapere che cosa desideri veramente creare *tu*.

Dopo questa conversazione, cominciai a giocare con possibili scenari diversi di ciò che avrei voluto avere nella mia vita. Quando Brendon andò a nord nel Queensland per fare dei lavori, ebbi più spazio per guardare a cosa desideravo avere e creare nella mia vita.

Una sera, mentre Brendon era via, andai ad uno scambio Bars di Access, dove le persone che hanno imparato a fare i Bars, si incontrano per scambiare questo processo sul corpo. Nash stava con sua nonna ed entrambi apparvero allo scambio Bars. Quando Nash entrò dalla porta, mi corse incontro e mi diede un forte abbraccio. Mi guardò con quegli enormi occhi magnifici e mi disse quanto mi voleva bene. Più tardi quella sera, mentre correva in giro con gli altri bambini, cadde e si sbucciò un ginocchio. Stavo ricevendo i Bars in quel momento e lui venne da me per chiedermi aiuto. Si accoccolò su di me mentre ero sdraiata sul lettino da massaggio e non cercò affatto sua nonna.

Da qualche parte nel suo mondo, Nash sapeva che io corrispondevo all'energia che desiderava per la sua vita.

Quando tornai a casa quella sera, guardai all'energia ed al contributo che era Nash nella mia vita. Non avevo mai sognato o desiderato di avere figli. Ma quando osservai l'energia che Nash stava essendo con me e il contributo che era, non ho nemmeno desiderato di *non* avere quell'energia nella mia vita.

Quello è stato decisamente un punto di svolta per me. Era un livello diverso di impegno con Brendon e con Nash. Dato che sarebbe stato nella mia vita, guardai anche a ciò che ero per lui. Non ho mai detto a Nash: "Sono la tua mamma.". Invece gli avevo chiesto: "Che cosa vorresti che fossi per te?".

Negli anni, periodicamente gli ho fatto questa domanda. Ogni volta che incappavamo in una zona delicata, gli chiedevo: "Nash, che cosa vorresti che fossi per te? Posso essere quello.".

Abbiamo avuto delle splendide conversazioni negli anni. Adesso è un teenager, quindi vedremo cosa ci sarà nel futuro.

Condivido questa storia per mostrarti che, ci sono momenti come questi, nella vita, che sono scomodi. Ma, se sei disposto ad essere te stesso, non importa cosa sia richiesto, e non alzare muri e barriere, allora ciò che si mostra è sempre più grande.

Vulnerabilità è una forza enorme in ogni relazione, anche una relazione di lavoro. Vedo così tante persone che si difendono quando c'è un problema, piuttosto di ammettere di avere torto. Ci vuole vulnerabilità per dire a qualcuno con sincerità: "Mi dispiace davvero. Cosa posso fare per rimediare al danno fatto?".

Ammettere che ti sei comportata come una stronza, o uno stronzo, è disarmante e creerà possibilità molto più grandi che giudicarti o lottare per provare di avere ragione. Quindi, se hai creato della merda nella tua vita, sii abbastanza vulnerabile per ammetterlo a te stesso: "Sì, ho creato della merda. Adesso, cosa vorrei scegliere? Cosa vorrei aggiungere alla mia vita?".

Fare queste domande a te stesso cambierà qualsiasi cosa stia accadendo. E non devi fare tutto da solo: puoi chiedere aiuto all'universo. Puoi letteralmente dire: "Ehi universo, aiutami qui.".

Che cosa preferiresti scegliere? Ubriacarti e lamentarti della tua relazione o esigere da te di essere i cinque elementi dell'intimità? Puoi scegliere la prima opzione se ti piace.

Riconosci semplicemente che quella scelta non creerà il cambiamento che desideri.

## Capitolo 11 Strumenti

- Vulnerabilità è osservare qualunque cosa emerga per te, senza dover reprimere le cose o mostrare un'espressione coraggiosa, anche se ti fa sentire scomodo.

- Fatti queste domande tutti i giorni: *"Che cosa desidero davvero creare come la mia vita?"*

*"Creare una relazione più grande richiede un livello di intimità che molte poche persone sono disposte ad avere con sé stesse, figuriamoci con qualcun altro."*

Simone

# CAPITOLO 12

# La chiave per l'allowance

*Brendon*

Esiste questa idea romantica che, se sei in relazione, significa che sei una cosa sola. Relazione *non* significa che sei una cosa sola con l'altro. Relazione significa: "Tu sei qui, io sono qui. Che cosa possiamo creare insieme che è più grande di ciò che possiamo creare se siamo separati?".

Se Simone si sveglia di cattivo umore una mattina, non cerco di aggiustare le cose per lei, anche se questa realtà ci dice che il compito di un uomo è di aggiustare le cose. Fin da quando sono piccoli, ai maschietti viene insegnato dalle loro madri a fare le cose per le donne. Le madri diranno sempre cose del tipo: "Faresti questo per la mamma?". Come bambini e poi come uomini, assumiamo il ruolo di chi aggiusta e sistema le cose.

Ma ho compreso che, essere troppo coinvolto nel mondo di Simone, non funziona.

Ciò che funziona è essere in allowance delle sue scelte e farle sapere: "Ehi, capisco che sei incazzata in questo momento. Se hai bisogno di qualsiasi cosa sono qui. Basta che chiedi.".

Allowance è una parte enorme del creare una relazione generativa. Quando permetti all'altra persona di scegliere qualsiasi cosa scelga, non c'è bisogno che tu faccia sì che lei abbia ragione o che *tu* sia sbagliato, per alcunché. Non sei obbligato a giudicare le sue scelte come buone o cattive. Allo stesso tempo, allowance non è essere uno zerbino. Non permetti loro di calpestarti.

Allowance è non avere un punto di vista, tranne che qualsiasi cosa è un interessante punto di vista. Puoi dire letteralmente: "Interessante punto di vista che sto scegliendo di essere incazzato oggi.", oppure: "Interessante punto di vista che Simone sta scegliendo di essere incazzata oggi.", o qualunque cosa stia accadendo in quel momento.

Ho sempre trovato facile avere allowance per altre persone, ma quando si trattava di avere allowance per me stesso, era una storia diversa. Non mi sono sempre piaciuto. Quando Simone e tutti i miei amici mi dicevano: "Brendon, sei così fantastico, così gentile e pieno di cura amorevole.", io pensavo che fossero un gruppo di matti!

Dopo un po', cominciai a chiedermi che cosa vedevano in me, che non ero disposto a vedere. Cominciai a guardare a me stesso attraverso i loro occhi. Gradualmente, riconobbi tutte le cose che avevo fatto nella mia vita, la cura amorevole che avevo per le persone e la gentilezza che avevo mostrato in varie situazioni. Santa merda! Allora cominciai a guardare a chi sono veramente e non a come mi ero giudicato.

Per favore sappi che non accadde una notte all'improvviso: mi sono fatto un culo così per avere allowance per me stesso.

Un'altra cosa che mi ha aiutato ad uscire dal giudizio di me stesso, fu godermela. Ogni volta che mi accorgevo di giudicare qualcosa che avevo detto o fatto, dicevo: "Wow, mi sto giudicando duramente in questo momento. È odioso! Perché sceglierei questo?". Si trasformava da importante e serio a una specie di scherzo.

# IL DONO DELLA PRESENZA RECIPROCA

*Simone*

Brendon è cambiato tantissimo. Ricordo il momento nel quale, per circa tre giorni, non ha fatto null'altro che essere avvilito.

Ora io sono una di quelle persone che si sveglia con un'enorme quantità di energia la mattina, magari vado a correre o salto al computer e comincio la giornata. Anche se Brendon è stato triste per tre interi giorni, non cercai di tirarlo su di morale e non pensai che fosse colpa mia.

Continuai semplicemente a creare e a fare le mie cose. Il terzo giorno, mi guardò e disse: "Vuoi smetterla di essere così felice?.

Dissi: "No.".

Poi cominciammo entrambi a ridere, perché Brendon non poteva andare da nessuna parte con quell'atteggiamento. Gli stavo permettendo di scegliere il suo stato d'animo e non lo stavo prendendo per reale. Ad un certo punto, da solo, capì che quell'essere triste, mentre io me ne andavo in giro essendo felice, non era così divertente.

Sii consapevole che l'allowance non è sempre navigare a vele sciolte. Allowance è caos e caos è allowance.

Ecco un altro esempio. Brendon, in quanto nostro Direttore Finanziario, gestisce il nostro portafoglio azioni. Mi include in questo, ma lui è quello che compra e vende le azioni, basandosi sulla sua consapevolezza. Ci sono volte nelle quali mi chiede di parlare di un tipo di azioni, solo per avere la consapevolezza di entrambi su quel titolo. Se qualcosa sembra strana, nel mio mondo, riguardo ad un certo titolo, glielo dirò, ma gli lascerò fare la sua scelta basandosi su ciò che sa.

Alcuni amici nostri, un'altra coppia, hanno un accordo simile. Lei è appena diventata il Direttore Finanziario della loro relazione e comprando e vendendo azioni, un giorno ha perso cinquantamila dollari in trenta secondi.

La risposta di suo marito fu un incredibile esempio di allowance: "Beh, tesoro, cos'altro è possibile? E come può essere ancora meglio di così?".

Sapeva che avrebbe dovuto essere in totale allowance di ciò che era accaduto, altrimenti sua moglie avrebbe cominciato a giudicare tutte le scelte che lei faceva. Comprese anche: "Pensa, poteva anche guadagnare cinquantamila dollari in trenta secondi,".

Questo gli permise di essere in totale allowance delle scelte di entrambi, dato che lui aveva scelto di dare a lei le redini del loro portafoglio azionario.

La vera intimità è avere allowance per l'altra persona e per ogni singola cosa scelga, anche se sembra un errore. Quante persone sono disposte ad avere questo nella loro relazione?

Mi colpisce il numero di donne che parla di cambiare il loro partner. Signore, quello non è il vostro compito! L'uomo nella vostra vita non vi ha chiesto di arrivare e cambiarlo in ciò che avete deciso essere l'uomo perfetto per voi.

La persona di fronte a te può essere un dono nella tua vita. Uno dei miei momenti preferiti della giornata è saltare nel letto con Brendon la sera. Adoro dormire accanto a lui e non riguarda il sesso. Mi sveglio accanto a lui la mattina, posso toccarlo ed è un dono essere semplicemente nella presenza l'uno dell'altro.

Funzioniamo dalla gentilezza, dalla gratitudine e dall' allowance. Per esempio, una mattina ci siamo dovuti svegliare molto presto per qualche motivo. Mi sono svegliata per prima e quando ho sentito Brendon muoversi, gli chiesi: "Vuoi svegliarti con un lavoro di mano? (in Australia lo chiamiamo 'polsino')".

La risposta di Brendon fu diversa da ciò che mi aspettavo. Disse: "Ho fatto un sogno stranissimo l'altra notte.".

Allora gli ho messo una mano sul petto, lentamente, per mostrargli la sua energia. Poi gli ho chiesto se voleva un caffé. Disse: "Sì, sarebbe fantastico.".

Per me non c'era differenza tra offrirgli di fargli un 'polsino' o fargli un caffè. Entrambe le cose erano fatte dalla gentilezza e dalla gratitudine che avevo per lui. Non resi importanti né il caffè né l'amplesso e questa allowance è una delle cose che rende la nostra relazione così diversa.

Puoi facilmente immaginare uno scenario diverso. Lo scenario due poteva essere io che dicevo: "Come puoi non voler fare sesso con me?". Avrei potuto impazzire e fare una scenata. Ma perché avrei dovuto scegliere quello, se potevo invece avere allowance totale?

In quel momento, mentre lui si svegliava, lo ho ricevuto in totalità e lui mi ha ricevuta in totalità. Non c'era niente di importante, riguardo a nulla. Non abbiamo reso nessuno di noi due giusto o sbagliato. Abbiamo avuto totale allowance e nessun giudizio, l'uno per l'altro.

C'è uno strumento di Access chiamato 'vivere in incrementi di dieci secondi' che riguarda il vivere dalla costante creazione. Non sai cognitivamente che cosa si mostrerà tra poco nella tua vita e comunque in ogni momento crei l'energia che creerà un futuro che aggiungerà alla tua vita e non la contrarrà, né detrarrà da essa.

Se non hai allowance nella tua relazione attuale, allora guarda a cosa stai scegliendo. Hai sempre la scelta di stare lì o meno, in quella relazione. Questo è dove devi essere brutalmente onesto con te stesso, che non vuol dire lamentarti con i tuoi amici, dicendo: "Oh, mio Dio, se solo cambiasse questo e quello, sarebbe molto meglio.".

Se sei single e desideri una relazione, guarda all'energia che vorresti invitare nella tua vita. Puoi fare quello che ho fatto io e chiedere qualcuno che sia gentile, di cura amorevole, nutriente e disposto a creare con te.

Prima di Brendon, la gentilezza e la cura amorevole non erano cose che cercavo in una relazione. Sembrava così insipido. Poi capii che la gentilezza, il garbo e la cura amorevole non è qualcuno che ti abbraccia continuamente e ti dice quanto sei fantastica.

Qualcuno che sia gentile, di cura amorevole e nutriente ti permette di essere te stesso, a prescindere da ciò che accade. Qualcuno che sia gentile e di cura amorevole ti dirà anche quando sei uno stronzo. Sarà disposto ad essere in allowance di ciò che scegli, *senza* essere uno zerbino.

Una delle mie cose preferite riguardo a Brendon è che non si allinea con il mio punto di vista e non concorda con me quando mi comporto da pazza, quando resisto a qualcosa o non sono disposta a scegliere qualcosa. Mi fa una domanda e poi mi permette di scegliere qualcosa di diverso o meno.

## Capitolo 12 Strumenti

- La vera intimità è permettere all'altra persona di scegliere ciò che scelgono anche se a te sembra sia un errore.

- Se sei single e desideri avere una relazione, chiedi che si mostri qualcuno che sia gentile, nutriente e di cura amorevole *e* disposto a creare con te.

*"Signore, l'uomo nella vostra vita non vi ha chiesto di arrivare e cambiarlo in ciò che avete deciso essere l'uomo perfetto per voi."*

Simone

# CAPITOLO 13

# Vivere in gratitudine

*Simone*

Non molto dopo che incontrai Gary Douglas, andai ad un seminario che stava presentando sulle relazioni. Questo avveniva un po' di anni fa, e sono ancora grata a Gary, perché quella fu la prima volta nella quale non mi sentii sbagliata per non scegliere di avere una relazione e non voler essere sposata ed avere figli. Compresi che potevo creare la mia vita dal senso di avventura che mi aveva sempre attratto.

La vita non può essere un'avventura quando giudichi ogni cosa come sbagliata o giusta: quello è essere in controllo. Avere l'avventura dell'esistenza dalle possibilità infinite che sono disponibili richiede un livello di gratitudine che poche persone hanno. Quando hai la gratitudine, cerchi la consapevolezza in ogni cosa che accade nella tua vita, nei successi e nelle cadute. Mentre cresce la tua gratitudine, tutto diviene un' inclusione di maggiori possibilità.

Ecco ciò che Gary mi disse riguardo alla gratitudine: "La gratitudine è quel luogo nel quale riconosci che ogni cosa nella vita ti contribuisce. La gratitudine è non chiudere mai il tuo ricevere. Tu hai la consapevolezza di ciò di cui sei grato e che creerà di più nella vita.".

Dalla gratitudine, ogni cosa cresce e si espande. Ma a molti di noi non è stato insegnato ad essere grati per ogni singola cosa nella vita: il buono, lo sgradevole e l'orrendo. È certamente non facile essere grato quando le cose non stanno andando nel modo che vorresti.

Per esempio, quanto spesso sei grato per i soldi? O vai nel giudizio riguardo ai soldi che non hai? Vai nel giudizio riguardo alla quantità di soldi che vorresti avere? Che tu abbia denaro o meno nel tuo conto corrente, sii grato per quello e sappi che non c'è limite alla quantità di soldi che puoi invitare nella tua vita. La limitazione non può esistere simultaneamente alla gratitudine. Il giudizio non può esistere simultaneamente alla gratitudine.

Quando giudichi le persone nella tua vita, che siano il tuo partner, i tuoi figli, o le persone con le quali lavori, smetti di vederli come di valore. Ma se hai gratitudine per loro, cominci a vedere il loro valore, in modi che non sei stato disposto a riconoscere prima. Lo scopo della gratitudine è di aumentare la tua consapevolezza. E quando la tua consapevolezza aumenta, così fanno i tuoi flussi di denaro.

Per me, più ero grata per Brendon, più soldi lui faceva e più soldi facevo io. Lo so, non è lineare... ma i soldi non lo sono mai!

Le ricerche hanno scoperto che quando qualcuno parla ad una pianta ed è grato per essa e la tratta con ammirazione, la pianta cresce più rapidamente. Se qualcuno grida alla propria pianta e la tratta in modo abusivo, comincia a contrarsi e a morire. Questo è ciò che fai quando gridi a te stesso per ciò che percepisci come fallimenti, come le cose che non hai creato ed i soldi che non hai fatto. Il giudizio contrae sempre la tua energia e uccide le possibilità future.

Come sarebbe se, ogni giorno, anche se non guadagnassi soldi, ti dessi un cinque e dicessi: "Sì! Sono il migliore!". Non ti sembra più divertente che stare lì nel giudizio di te stesso, che sei cattivo e sbagliato per non aver fatto soldi?

Ecco due domande che Brendon ed io ci facciamo tutti i giorni: "Quali flussi di entrata possiamo creare? Cosa possiamo aggiungere alle nostre vite?".

Poi proseguiamo nella nostra giornata, perché non abbiamo un'idea precisa di che aspetto avranno questi flussi di entrata. Non riguarda lo scrivere una lista di cose da fare.

Quando diveniamo consapevoli di un'energia che ci invita ad una possibilità diversa, agiamo.

Continuiamo a scegliere, andare avanti e a seguire l'energia dell'avventura che ci permette di creare molto più di prima. E abbiamo gratitudine per ogni scelta che facciamo, anche ciò che chiamano errori.

## ATTI CASUALI DI GRATITUDINE

So che posso essere abbastanza intensa e molto presente. Vado a cento chilometri all'ora e comunque, in qualche modo, Brendon adora vivere con me. Lui è disposto a che io sia me stessa e io sono disposta a che lui sia se stesso.

Sei grata per l'uomo o la donna nella tua vita e per ciò che state creando insieme?

Quando sei grato per ciò che stai creando, si mostrano cose splendide, come atti casuali di gratitudine. Mi ricordo un'occasione, nella quale io mi stavo preoccupando per qualcosa e Brendon disse: "Vorrei che tu vedessi quanto sei grandiosa. Vorrei che tu vedessi quanto sei grandiosa attraverso i miei occhi.".

Essere totalmente vulnerabile e ricevere la gratitudine dagli altri non è sempre comodo. Ma è una scelta che può trasformare la tua vita e la tua relazione.

## COME SAREBBE SE NON CI FOSSE NULLA DI SBAGLIATO NELLA TUA RELAZIONE?

*Brendon*

Se hai gratitudine per te, non ti giudichi mai. Se hai gratitudine per il tuo partner, non lo giudichi mai.

Alle persone in relazione piace parlare di ciò che non va nella loro relazione. Io dico: "Non c'è mai nulla di sbagliato nella tua relazione. C'è solo ciò che non sei disposto a scegliere.".

Sono arrivato in questa relazione con Simone pensando che sarebbe stato un duro lavoro. Fino a quel punto, per tutta la vita avevo pensato che tutto era faticoso e a quanto dovevo lottare per riuscire.

Per i primi trent'anni della mia vita, pensavo che tutta la tristezza e l'infelicità che percepivo fosse mia. Ero convinto di essere triste, infelice e depresso. Mi ci sono voluti due o tre anni nei quali ho chiesto: "A chi appartiene questo?", non-stop, ogni volta che la tristezza veniva su, prima che le cose cambiassero.

Arrivai ad un punto nel quale era più facile essere consapevole delle energie. Adesso, posso percepire la tristezza e sapere che non è mia. Magari non va via quando chiedo: "A chi appartiene?", ma adesso sono consapevole della mia realtà ed ho la percezione di chi sono.

Simone è proprio l'opposto di ciò che sono stato io per trent'anni. Lei si sveglia ogni mattina entusiasta di creare. Prima di cominciare veramente a chiedermi a chi appartenesse la mia tristezza, pensavo di Simone: "Perché sei così felice? Voglio solo tornare a dormire.".

Sarò sempre grato che Simone non mi abbia giudicato. Mi ha dato lo spazio per scoprire da solo la vita che desideravo creare.

Simone era disposta a vedere chi ero molto prima che lo facessi io. Lei diceva cose del tipo: "Sei un tipo fantastico. Sei così meraviglioso.". Quello *non* era come vedevo me stesso allora.

Quando ci siamo incontrati avevo circa zero dollari in banca. Diciamo che ero in rosso *parecchio*. Mi avrebbe potuto cacciare a calci. O avrebbe potuto dire: "Vai a lavorare.". Lei ha visto in me quello che potevo creare che non stavo ancora creando. Ed è stata sempre lì per me. Sono così grato che mi abbia sempre coperto le spalle.

Una delle cose per le quali sono grato è che, se uno di noi è esausto o sta attraversando un momento difficile, l'altro non deve sistemare le cose. Ma questo non vuol dire che ignoriamo l'altro e lo lasciamo a soffrire! Guardiamo a ciò che possiamo contribuire per aiutare l'altro. Posso far scorrere i Bars a Simone o fare qualcos'altro?

C'è stato un momento nel quale ero davvero in difficoltà. Avevo toccato il fondo. Non mi ero mai sentito così male, mai. Simone mi chiese se volevo andare via da qualche parte per un paio di giorni da solo, e mi offrì di tenere Nash. Ero così grato per questo. Non desideravo farlo, perché la mia vita è molto più facile quando sono accanto a lei, ma avere quella libertà di scelta mi aiutò moltissimo.

La gratitudine è uno strumento che puoi usare subito nella tua relazione. Ogni giorno guarda la persona con la quale sei in relazione e chiedi a te stesso: "Qual'è la cosa di questa persona per la quale sono più grato?". La tua relazione si espanderà sempre, perché la gratitudine ha quell'energia di espansione.

# IL MODO IN CUI ABBIAMO INTESO LA RELAZIONE NON FUNZIONA

*Simone*

Una delle cose che accadono quando funzioni dalla gratitudine è che la tua capacità di ricevere aumenterà. Questo non vuol dire che tutto sarà gioioso in ogni momento del giorno. Ci sono momenti nella vita che semplicemente non sono così facili come vorremmo che fossero.

Nella relazione ci saranno momenti nei quali sarai turbato. Anche Brendon ed io abbiamo quei momenti a volte. Non diciamo: "Abbiamo questa situazione.". Usiamo gli strumenti e riconosciamo che alcuni di questi non sono così facili da usare.

Un giorno, per esempio, ero arrabbiata con Brendon riguardo a qualcosa, quindi me ne andai a fare una camminata per schiarirmi le idee. Mentre ero fuori, Gary mi chiamò. Capì subito che ero arrabbiata e mi chiese cosa stesse succedendo. Gli dissi che ero arrabbiata con Brendon.

Gary disse: "Devi tornare a casa e dargli tutte le tue attenzioni.".

Quella era l'ultima cosa al mondo che avrei voluto fare! Ma, dato che sapevo che gli strumenti di Access funzionano per ogni altra cosa, tornai a casa e feci ciò che Gary aveva suggerito. Entro dieci minuti -e non sto scherzando- Brendon diceva: "Tesoro, posso prepararti qualcosa da bere? Vorresti un Bloody Mary? Cosa posso prepararti per cena?".

Mi ricordo di essere rimasta seduta sul divano a pensare: "Davvero? Questa merda funziona davvero!".

Questo strumento a volte è ancora difficile da usare per me, ma lo uso perché funziona. Se mi accorgo che le cose non sono così creative con Brendon quanto mi piacerebbe, lo uso. Perché questa relazione non è soltanto qualcosa che succede. La creiamo usando gli strumenti e con le nostre scelte.

Se qualcuno sta essendo uno stronzo o semplicemente è uno stronzo, oppure sta richiedendo qualcosa che non sta ricevendo. Usa lo strumento di dare tutte le attenzioni all'altro. Puoi copiare ciò che le donne facevano negli anni cinquanta. Quando il tuo uomo torna a casa versagli un whisky. Preparagli la cena e riconoscilo. Portalo in camera da letto o fai una doccia con lui. Dagli tutte le tue attenzioni e osserva cosa cambia nella tua relazione.

Questo strumento, come tutti gli strumenti di Access Consciousness®, riguarda il fatto che tu abbia più scelta e più consapevolezza, cosicché tu possa scegliere qualcosa di diverso. In verità, il modo nel quale abbiamo inteso le relazioni non funziona per moltissime persone. La definizione di follia di Einstein è fare la stessa cosa più volte ed aspettarsi un risultato diverso. Come sarebbe se facessimo qualcosa di completamente diverso? Come sarebbe se creassi una relazione che sia completamente non convenzionale?

In una relazione convenzionale, i bei momenti sono le vacanze ed il sesso e i brutti momenti sono le litigate, le discussioni e il sesso per fare pace. Non c'è modo alcuno nel quale potrei essere interessata nel sesso per fare pace e so che neanche Brendon lo sarebbe.

## Capitolo 13 Strumenti

- Fai pratica di gratitudine per te stesso e per il tuo partner. Aumenterà la tua consapevolezza e quando la tua consapevolezza aumenta, la stessa cosa accade ai tuoi flussi di denaro. Più Simone era grata per Brendon, più soldi facevano sia lui sia lei.

- Domande da fare ogni giorno: quali flussi di entrata puoi creare e cosa puoi aggiungere alla tua vita?

*"Se hai gratitudine per te,
non giudichi mai te stesso.
Se hai gratitudine per il tuo
partner, non lo giudichi mai."*

Brendon

# CAPITOLO 14
# Ti fidi di me?

*Simone*

Se sei mai stato in una relazione nella quale c'era veramente poco onore o fiducia, sai quanto non sia piacevole o generativo.

Nel passato, ho scelto relazioni orribili. C'è stata una relazione in particolare nella quale io mi svegliavo ogni mattina piangendo e pensavo che fosse normale. Lui non era abusivo fisicamente, ma mi sminuiva continuamente e mi faceva credere di non essere meritevole, cosa che corrispondeva ai miei giudizi su di me a quel tempo.

Io e quest'uomo vivevamo assieme. Dopo che lui mi lasciò, cominciò ad uscire con un'altra ragazza e faceva sesso normalmente con lei nella stanza di fronte alla mia. Li potevo sentire chiaramente. Poiché pensavo di amarlo ancora, pensavo di essere io ad aver sbagliato.

Quel livello di mancanza di gentilezza verso qualcuno non solo è inaccettabile, è anche totalmente disonorante. Essere disposto ad onorare te stesso e l'altra persona è un grosso passo nel far funzionare la relazione.

Onorare è trattare qualcuno con riguardo e non trascurare nessuno. Quando tratti qualcuno con riguardo, guardi nel loro mondo e vedi chi sono. Riconosci cosa desiderano in ogni momento. Vedi ciò che possono ricevere e cosa pensano sia importante, ma non li spingi nella direzione nella quale vorresti che andassero. Permetti loro di scegliere per sé stessi.

Quando per la prima volta cominciai ad uscire con Brendon, Gary mi disse di lasciare che Brendon creasse la sua vita. "Devi startene fuori da quello.". Gary disse: "Non ti far coinvolgere.".

Chiunque mi conosce, sa che quando vengo coinvolta in qualcosa, tendo a prendere il sopravvento!

Brendon è un padre magnifico. Ci sono così tanti modi nei quali può potenziare altri genitori, cosicché abbiano facilità nell'essere genitori. Se io avessi insistito che lui facesse le cose a mio modo, non sarebbe stato onorante delle sue scelte. Io gli ho permesso di creare a suo modo e sono sempre stata disponibile a parlare di qualsiasi cosa.

A volte, avere una conversazione nella quale sei in allowance totale dell'altra persona e ascolti ciò che crea, è un enorme contributo per lei ed un enorme contributo alla tua relazione.

Potresti semplicemente fare domande al tuo partner riguardo a ciò che sta creando: "Ti diverti? Ti rende leggero?".

Non dirgli: "Penso che dovresti fare questo e quello.", che è come molte persone funzionano in relazione. Quando cerchi di determinare ciò che qualcuno dovrebbe scegliere basandoti sul tuo punto di vista, stai in realtà trattando senza riguardo lui e ciò che può scegliere.

Fare una scelta che ti onori non vuol sempre dire fare la cosa più popolare. Mi ricordo un giorno in particolare nel quale mi svegliai incazzata nera. Brendon, Nash, ed io stavamo andando tutti alla stessa classe di Access a Noosa, sulla Sunshine Coast, nel Queensland.

Allora come fai a onorare tutti, tutta la casa, quando proprio non vuoi averci a che fare?

C'era un modo semplice: mi resi conto del fatto che avevamo due macchine! Guidare da sola con la musica ad altissimo volume sarebbe stato più espansivo per me e per loro, piuttosto che andare in macchina con Brendon e Nash ed essere inversa. Quindi è ciò che feci.

Per molte persone, essere in relazione significa fare tutto insieme e stare insieme tutto il tempo. No. Essere capaci di scegliere *quello* che vuoi scegliere, *quando* lo vuoi scegliere in realtà è una delle cose più inclusive che puoi fare in una relazione. Così è come crei una relazione che davvero funzioni per te.

## Brendon

Onore è anche la disponibilità ad avere riguardo per te, il che significa riconoscere il dono che sei *per te stesso*. Non il dono che sei per chiunque altro. Per te! Ed onorare te significa che non ti rendi piccolo di fronte a nessuno né ti vendi a poco prezzo. Quante persone entrano in relazione basandosi sull'aspetto dell'altro o ciò che pensano che l'altro abbia, piuttosto che su chi è? Solo perché qualcuno è in un bel pacchetto, o ha una bella figura, non significa niente. Ciò che mi interessa è chi sono come esseri e cosa possono contribuire.

Abbiamo tutti capacità diverse. Siamo tutti grandiosi, ciascuno a modo suo, ma molto spesso guardiamo a noi stessi attraverso i punti di vista delle altre persone, che in genere si basano sulle bugie.

Se veramente desideri una relazione che funzioni, non puoi entrare in una relazione aspettandoti che l'altra persona ti validi in tutto. Devi conoscere il tuo valore. Sii disposto a riconoscere te stesso. Non aspettare che qualcun'altro lo faccia per te. Perchè se stai aspettando che qualcuno ti riconosca per qualcosa, hai già deciso che sei inferiore.

La nostra relazione funziona così bene, perché Simone è disposta a onorare sé stessa ed onorare me. E io sono disposto ad onorare me stesso e ad onorare lei. Onorare ti dà il senso di longevità. Quando tratti qualcuno con riguardo in ogni momento, questo costruisce qualcosa negli anni. Ogni giorno è diverso, quindi ciò che onora Simone oggi sarà diverso domani. Cambierà continuamente, man mano che noi cambiamo e le circostanze della nostra vita cambiano.

## FIDUCIA NON E' PROPRIETA'

### Brendon

Le persone parlano molto delle fiducia nelle relazioni. La fiducia e l'onore non sono avere la proprietà dell'altro. Nella nostra relazione non esercitiamo l'avere la proprietà dell'altro. Non possiedo Simone; lei non possiede me. Ci fidiamo entrambi che l'altro sceglierà di più.

E anche quando quelle scelte non si sono rivelate come avevo pensato che sarebbero state, quelle scelte mi hanno portato dove avevo bisogno di andare.

Vale la stessa cosa per le tue scelte. Per favore riconosci che non hai mai fatto nessuna scelta sbagliata! Forse hai fatto alcune scelte che sembravano molto stupide, ma tutte quelle scelte ti hanno portato dove sei oggi.

Hai mai sentito qualcuno dire: "Mi fido che non mi tradisca."? Quella non è fiducia. È fede cieca nell'altra persona, cosa che non funziona. Nel momento in cui ti fidi che il tuo partner farà sempre la cosa giusta, hai spento la tua consapevolezza.

Ho parlato con una signora che continuava ad avere relazioni con uomini che in seguito la tradivano. Le ho suggerito di chiedersi: "Questo tizio mi tradirà? Sì o no?", *prima* di entrare in relazione.

Questo è uno strumento che puoi usare. Se, dopo aver fatto questa domanda, capisci che ti tradirà, non cominciare neanche. E se sei in una relazione nella quale ti hanno tradito, per favore riconosci che non è perchè tu sia cattivo o sbagliato. Ti hanno tradito perchè hanno deciso che avevano bisogno di qualcos'altro.

## Simone

La fiducia non è ciò che molte persone pensano sia. All'inizio della nostra relazione, Brendon ed io ci fidavamo che l'altro sarebbe stato meschino ed abusivo e che avrebbe lasciato la relazione.

Ma ora mi fido che Brendon sceglierà sempre ciò che sarà più grande per sé, anche se significa andare fuori e trovare un'altra donna. È un esempio abbastanza estremo, perchè so che non farebbe niente per tradirmi o ferirmi deliberatamente. Se la sua vita va avanti e lui trova qualcosa di più grande, io mi fido che lui sceglierà quello e non rinuncerà a sé stesso per rimanere in relazione con me.

A volte nei nostri seminari, le persone ci fanno domande riguardo al fare sesso con altre persone mentre si è in relazione. Personalmente, non l'ho mai desiderato. Adoro fare sesso con Brendon. Questa è la scelta che faccio ogni giorno. Mi fido che se lui lo facesse, non riguarderebbe il tradirmi. Non sarebbe fatto contro di me, ma piuttosto come un'espansione di sé. Questo è il motivo per il quale la relazione deve essere una scelta di ogni giorno, altrimenti la uccidi.

## Brendon

Tendiamo a intendere la fiducia come rivolta verso un'altra persona, ma è ugualmente importante fidarsi di sé. Se sei disposto a fidarti di te, allora riconoscerai chi è una persona degna di fiducia e chi non lo è.

La fiducia in sé stessi è sapere che puoi gestire la tua vita. Non funzioni dal bisogno di qualcun altro o dal rendere qualcun altro la fonte della tua vita. Quando ti fidi di te, anche se ci sono intoppi nella strada, sai che troverai la tua strada.

Tante persone pensano che, una volta che sono in relazione con qualcuno, devono *trattenere* l'altra persona, e quel trattenere è il loro livello di intimità con essa. Magari funziona per le prime settimane, ma ad un certo punto quel tirare bisognoso diventerà un esaurimento della relazione.

Le persone sentono di avere *bisogno* nelle relazioni per due ragioni frequenti: o hanno già deciso che manca loro qualcosa, o stanno aspettando che l'altra persona li riconosca per ciò che hanno già deciso di non poter essere.

Non creerai intimità in alcuna relazione che non riguardi l'aggiungere qualcosa alla tua vita nel lungo periodo. E se non ti puoi fidare di te stesso, onorarti ed essere grato e vulnerabile con te stesso, non puoi aspettarti di aver questo con nessun'altro.

## Capitolo 14 Strumenti

- Sii disposto a trattare te stesso ed il tuo partner con riguardo anche se non è la cosa più popolare da fare.

- La fiducia non riguarda sempre l'altra persona. Se sei disposto ad avere fiducia di te, riconoscerai chi è una persona degna di fiducia e chi non lo è.

*"La fiducia non è ciò che pensi che sia. Se la vita di Brendon va avanti e lui trova qualcosa di più grande, mi fido che sceglierà quella cosa e non rinuncerà a sé stesso per rimanere in una relazione con me."*

Simone

*"La fiducia e l'onore non sono possedere l'altro.... Io non possiedo Simone e lei non possiede me. Ci fidiamo completamente e vicendevolmente che sceglieremo più in grande."*

Brendon

# CAPITOLO 15

# Il momento del sesso

*Simone*

Quando hai deciso che il sesso debba essere ciò che non è?

Io pensavo che, se sei in relazione, significa che farai sesso sempre e che ogni volta che vi vedete, finirete per saltare nel letto. Non è ciò che rappresentano nei film?

Un giorno, dopo che avevamo appena cominciato a vederci, l'impensabile è accaduto: io volevo fare sesso con Brendon e lui no. Mi chiese invece: "Vuoi andare a fare una passeggiata sulla spiaggia e cenare?".

Io sono andata fuori di testa. Se Brendon ed io stavamo solo uscendo e facendo sesso, avrei potuto gestirlo, ma avere qualcuno nella mia vita che realmente desiderava passare del tempo con me, perché pensava che io fossi meravigliosa e fantastica.... Questa cosa mi toglieva completamente il fiato dovevo essere vulnerabile e vedere quanto ero un contributo per lui e quanto lui era un contributo per me e sentirlo dire: "Lo capisci che questo per me non è solo sesso, vero?"

...

Brendon ha una visione del sesso diversa. Non è come molte persone che si eccitano attraverso il giudizio. Lui è una di quelle persone rare che non hanno giudizio nel loro mondo. Una volta mi ha chiesto: "Quanto spesso due persone fanno sesso perché lo desiderano entrambe nello stesso momento? In genere una persona lo fa per far piacere all'altra.".

Ho capito che aveva ragione. Ci sono state molte volte, nella nostra relazione, nelle quali io ho chiesto a lui di fare sesso e lui mi ha detto: "Non adesso amore."

Sarebbe stato facile per me offendermi per quello, invece di riconoscere che semplicemente lui non desiderava fare sesso in quel momento.

Come sarebbe se ogni volta che facessi sesso fosse diverso? Brendon mi ha mostrato come avere molta più facilità e divertimento con il sesso: una sensazione di gioco.

Se hai qualcuno nella tua vita, puoi chiedergli: "Vuoi toglierti i vestiti, stare nudo e giocare?". Non significa che dobbiate fare sesso, non significa che devi avere un orgasmo, non significa che debba durare per ore.

Non significa nient'altro che: "Vuoi metterti nudo e giocare?".

## IL SESSO E LA RELAZIONE SONO DUE COSE DIVERSE

### Brendon

Molte persone usano il sesso per validare chi sono. Il loro ragionamento è che, se possono dare piacere a qualcuno, allora devono essere bravi a letto, oppure sono brave persone. Le persone usano il sesso per validare lo stato della propria relazione dicendo: "Se il sesso è buono, allora la relazione va bene.".

Il sesso e la relazione sono due cose completamente diverse.

Il sesso è una grossa parte della relazione, ma non è tutto. Ciò che lo renderebbe più grande è guardare a ciò che potresti fare oggi per goderti al massimo il sesso con il tuo partner... invece di decidere cosa significava fare sesso, prima ancora di toccare l'altra persona.

Le persone attaccano molti significati al sesso. Questo mi ha sempre confuso. Io sono un po' diverso. Per me, il sesso è qualcosa che fai per la gioia assoluta. Non è diverso dal giocare con il frisbee in spiaggia. Non lo rendiamo così significativo!

Come sarebbe se guardassimo al far sesso nello stesso modo? Potrebbe durare dieci minuti. Potrebbe durare ore. A chi importa quanto dura se ti stai divertendo? Comincia a goderti la tua relazione. Comincia a goderti il sesso. Che aspetto avrebbe per te goderti il sesso?

## COSA CAMBIEREBBE PER TE PAGARE PER IL SESSO?

### Simone

Durante i primi diciotto mesi nei quali eravamo insieme, quando supportavo interamente Brendon, mentre lui cercava di capire cosa voleva fare, non aveva soldi suoi.

Un giorno, Gary suggerì che io offrissi a Brendon di pagarlo per il sesso. Quello non fu una prova facile per me. *Non* volevo pagare per il sesso! Avrebbe voluto dire che ero una troia o che non potevo fare sesso senza pagare. Sono venute su milioni di scuse e motivi per non farlo. Dato quanto stavo resistendo a quest'idea, sapevo che fare questa cosa avrebbe creato un grosso cambiamento per me.

Volevo anche potenziare Brendon nel fare le sue scelte con i soldi. Non desideravo che lui dipendesse da me; desideravo che lui creasse la sua vita e fosse grandioso come io sapevo che era. Quindi, nonostante la scomodità, tornai a casa e suggerii che facessimo sesso.

Brendon era occupato nel fare qualcosa e non era così interessato. Allora dissi: "Come sarebbe se ti pagassi cinquecento dollari per fare sesso?".

Tutto il suo corpo si accese. E ci siamo divertiti così tanto! Il sesso fu fantastico. Dopo, lasciai i soldi sul comodino e ci scherzammo sopra.

Ciò che ho amato di questo è stato che Brendon andò fuori e spese metà dei suoi soldi per sé, per farsi fare un massaggio. Con l'altra metà ci pagò la cena e del vino. Sapevo che si sentiva benissimo ad avere soldi ed essere in grado di farne ciò che voleva. Era un modo di onorarlo ed io ho superato i miei punti di vista che pagare per il sesso fosse cattivo e sbagliato. Tutti lo fanno. Se fai sesso, stai pagando in qualche modo. Quindi, se volessi rendere le cose più piccanti nella tua relazione, potresti farlo.

# GIOIA E RISATE DURANTE IL SESSO

*Brendon*

Divertitevi col sesso. Comportatevi come se il sesso fosse un grande gioco e non una necessità. Rimescola le carte e rendilo differente. Lo puoi fare sul tavolo della cucina. Come sarebbe se chiedessi al tuo uomo: "Ehi, vuoi un pompino in cucina?". Rendilo divertente per entrambi e non qualcosa che fai seguendo il calendario, perché è venerdì sera e quello è il momento del sesso. Quando è spontaneo, di solito è quando te lo godi un sacco.

Ci sono state volte nelle quali Simone voleva fare sesso e io no. Il modo in cui vedo la cosa è questo: entrambe le persone devono desiderare far sesso. Se avessi fatto sesso anche se non lo desideravo, quale contributo sarebbe stato per me e per lei? Avrei rinunciato a me stesso per renderla felice. Il sesso riguarda l'interazione tra voi ed il gioioso contributo che può essere per voi ed il vostro corpo.

Solo perché non ero interessato a fare sesso in certi momenti, non voleva dire che non volevo che mi venisse chiesto altre volte. Se inizi a fare sesso con il tuo partner e ti dice di no, non ti rendere sbagliato. Non vuol dire che adesso devi aspettare che l'altro te lo chieda.

Come sarebbe se, ad un certo punto più tardi, semplicemente glielo chiedessi di nuovo? Quello è ciò che intendo con il divertirsi e giocare. Hai notato che, quando i bambini vogliono giocare, chiedono: "Possiamo andare al parco?". Se dici: "Non ora.", aspettano un po' e poi chiedono di nuovo e poi ancora e ancora, perché la volta successiva, forse, potresti dire: "Sì. Sono felice di andare al parco con te.".

Quante persone hanno vera gioia e ridono durante il sesso?

Il sesso è stato usato come uno strumento ed un' arma in questa realtà. Alcune persone usano l'amplesso per dimostrare qualcosa di sé stesse, il che significa che si stanno già giudicando. Il sesso senza giudizio è non avere un punto di vista riguardo a che aspetto dovrebbe avere, quanto debba durare o chi dovrebbe avere l'orgasmo per primo. Questi sono tutti giudizi. Ci sono molti uomini che richiedono il giudizio per eccitarsi, perché hanno imparato a fare sesso guardando i porno o da persone giudicanti. Se quello è il tipo di persone con le quali ti piace avere amplessi va bene, sappi solo che devi inserire un livello di giudizio nei loro mondi, così si possono eccitare.

Ci sono migliaia di punti di vista riguardo al sesso. Per esempio, che cosa ha a che fare con il divertimento il pensare: "Se faccio sesso con lui, posso controllarlo." - o - "Se faccio sesso con questa persona, starà con me". Cos'ha a che fare questo col divertimento?

Se desideri fare sesso per la pura gioia, ci sono quattro domande da farti: "Sarà divertente? Sarà facile? Imparerò qualcosa? Sarò felice dopo?". Ogni domanda ti darà una consapevolezza energetica. Se non sarà divertente, fermati a quella domanda. Non fare le altre tre domande. Il sesso non deve essere serio e importante, come ti dicono che debba essere.

...

### Simone

Ci sono studi che mostrano che, una volta che le persone che sono state sposate per un po', fanno sesso meno di frequente. Più a lungo sono sposati, meno sesso fanno. Così è come viene intesa la relazione in questa realtà, ma non deve essere per forza così.

Se vuoi divertirti nel sesso, la prossima volta che stai cenando con la tua Godibile Metà, fai notare al tuo partner le persone attorno a voi che potrebbe trovare attraenti. Quando usciamo, spesso dico a Brendon: "Guarda quella ragazza, guarda quelle gambe lunghe.".

E, spesso, sarò quella che comincerà a fare sesso, perché questo è ciò che fa la maggior parte delle donne. Agli uomini viene insegnato che devono aspettare che la donna dica di sì. Se una donna dice: "No.", l'uomo tende a non cominciare le cose.

Se le cose si sono spente in camera da letto, comincia a giocare di più. Potresti semplicemente accarezzare il tuo partner, o fargli un bel massaggio ai piedi. Anche se giochi con te stesso nella doccia, o con il tuo partner, fallo solo dall'energia gioiosa ed orgasmica. Non deve condurre per forza all' amplesso.

## Capitolo 15 Strumenti

- Il sesso non deve essere serio ed importante, come molte persone tendono a pensare. Se desideri fare sesso dalla pura gioia, ci sono quattro domande da fare:

    » Sarà divertente?

    » Sarà facile?

    » Imparerò qualcosa?

    » Sarò felice dopo?

Ogni domanda ti darà una consapevolezza energetica.

*Se hai qualcuno nella tua vita chiedigli: - "Vuoi toglierti i vestiti, stare nudi, e giocare?"*

Simone

# Condividere non è avere cura amorevole

## Simone

Hai mai notato che gli uomini e le donne comunicano in modi diversi?

Se desideri avere vita facile in relazione, uno degli strumenti è comunicare con il tuo amante, o la tua Godibile Metà, nel modo in cui *lui o lei* vorrebbe comunicare. Ci sono stili diversi di comunicazione per gli uomini e per le donne. Usare questo strumento farà una grossa differenza nella tua relazione.

Lo stile comunicativo di un uomo in genere è piuttosto diretto, mentre una donna generalmente deve risolvere le cose parlando e condividere come si sente. Questa non è una cosa che fanno solo le donne. Conosco anche degli uomini che comunicano in questo modo.

Per darti un esempio dal mondo del business, quando ho a che fare con persone che funzionano più da uomo, so che possiamo andare immediatamente al nocciolo della cosa. Allora dirò: "Funzionerà? Va bene, facciamo così: cambiamo questa cosa.". Nel business, io comunico più come un uomo e ce la caviamo abbastanza in fretta.

Poi ci sono altre persone con le quali ho a che fare, che devono affrontare le cose parlando di più. Quando sono in riunione con queste persone, comincerò a chiacchierare e permetterò loro di parlare. Qualcosa che potrebbe essere fatto in dieci minuti potrebbe richiedere un'ora, e ho imparato ad essere in allowance. Questo non riguarda giudicare il tuo partner o le persone con cui lavori. Usa questa informazione per avere più consapevolezza su come le persone nel tuo mondo amano comunicare. In questo modo, puoi avere più chiarezza e facilità nella comunicazione in tutte le tue relazioni, non solo nelle tue relazioni intime.

## NON CONDIVIDERE MAI CON IL TUO UOMO

*Brendon*

Uno dei miti che ci vengono raccontati, è che affinché una relazione sia solida, si debba comunicare ogni cosa.

Questo significa in genere che devi dare a qualcuno i tuoi punti di vista e loro devono darti i loro. Questa è una strada a senso unico: non è comunicazione.

Se sei disposto a guardare al tuo amante da questa prospettiva: "Cosa può sentire questa persona e cosa può ricevere?", poi comunicherai in modo molto diverso. Prima di aprire la bocca per dire qualunque cosa, chiedi sempre: "Cosa può sentire?". Non dire mai a qualcuno ciò che non può sentire. Se lo fai, dovranno lottare contro di te per difendersi.

Un'altra cosa importante da ricordare con il tuo partner è di non aiutarlo, a meno che lui non lo chieda. Appena cerchi di aiutare qualcuno, hai già dato per scontato di saperla più lunga di lui e di essere superiore. Se lo fai, molte persone alzeranno le barriere e non ascolteranno ciò che hai da dire.

Signore, quando comunicate con i vostri uomini, fate loro domande per capire la loro prospettiva sulle cose. Chiedi al tuo uomo: "Qual'è il tuo punto di vista su questo? Come funziona questo secondo te?". Comincerai ad avere chiarezza su come lui funziona, cosa vuole creare nella vita e come puoi contribuire.

Anni fa, quando non lavoravo dal momento che odiavo essere un piastrellista e Simone si era offerta di sostenermi, me ne venivo fuori con diverse idee su cose che avrei potuto fare nella vita. Simone, essendo il bulldozer e la regina creativa che è, se ne saltava su con tutti questi suggerimenti magnifici e in dieci minuti estrapolava di più da quell'idea di quanto la maggior parte delle persone avrebbe potuto fare in un anno.

Era soverchiante per me, o così avevo deciso a quel tempo. Allora Gary le disse: "Non devi aiutarlo, a meno che non te lo chieda.".

Quando cerchi di aiutare qualcuno, senza che ti venga chiesto, quella persona deve resisterti, che è ciò che ho fatto. Piuttosto, aspetta. E quando sai che puoi contribuire all'altra persona, fallo da uno spazio di invito. La quantità di cose diverse alle quali Simone mi ha invitato è fantastica. Lei lo fa sempre da uno spazio di invito, non dall'aspettativa.

Se veramente vuoi dare al tuo uomo un po' di informazioni, pensa a come potresti dargliele in un modo in cui possa riceverle. Quale domanda potresti fare? Che commento potresti fare? Cosa funzionerà?

Può essere che facciate sesso prima e poi puoi avere tutta la sua attenzione per circa dieci minuti... e quello è il momento per ottenere qualsiasi cosa tu voglia! Benvenuta alla gioia ed al divertimento della manipolazione nella relazione. Se sei disposto ad averla, tutto sarà molto più facile. Come sarebbe se la relazione fosse divertente e non una cosa così deprimente, come viene creata per adeguarsi a questa realtà?

## GLI UOMINI NON VOGLIONO PARLARE DELLE COSE

*Simone*

Una delle idee fastidiose riguardo alle relazioni che ci è stata imposta, è che dobbiamo condividere tutto l'uno con l'altro. Signore, se siete andate a fare shopping, non tornate a casa, aspettandovi di raccontare tutto al vostro partner. Lui non è lì per quello. La maggior parte degli uomini non vuole stare lì a sentirvi parlare di scarpe. Non funziona per loro.

Quando voglio condividere qualcosa di quel tipo, trovo un'amica o un uomo a cui piaccia lo shopping. E sì, ce ne sono là fuori!

Alla maggior parte degli uomini non piace condividere. Hanno bisogno di spazio. Ci sono momenti nella vita nei quali il tuo partner può essere arrabbiato o frustrato. Lascialo a goderseli. Se Brendon è incazzato, non gli chiedo: "Cos' ho fatto? È colpa mia?". Questo può essere frustrante per un uomo. Al massimo posso dire: "C'è qualcosa che posso contribuire?". Questo gli dà la scelta di dire sì o no.

Alcuni uomini magari vogliono stare di fronte alla televisione per un po', o leggere un libro, mentre processano le cose. Ho un amico a cui piace giocare ai videogiochi. Per favore, non vi arrabbiate con il vostro partner perché fa cose come quelle. Se non vuole parlare, non costringetelo.

## Capitolo 16 Strumenti

- Se desideri più facilità nelle tue relazioni, comunica con la tua Godibile Metà nel modo nel quale a lui o lei piace comunicare. Sono diretti oppure a loro piace risolvere le cose parlando?

- Quando vuoi dare al tuo uomo delle informazioni, guarda a come potresti dirlo in un modo nel quale lui può riceverlo. Quale domanda potresti fare? Quale commento potresti fare? Può essere che facciate sesso prima e dopo avrai la sua piena attenzione per circa dieci minuti!

*"Ci sono momenti nella vita,
nei quali il tuo partner può
essere arrabbiato o frustrato.
Lascialo a goderseli. "*

Simone

# CAPITOLO 17
# E se fossero disponibili possibilità diverse?

*Simone*

Una cosa che emerge tanto tra le donne è l'idea di dover odiare gli uomini, che ne abbiano uno o meno nella loro vita. Quando sento queste storie, nelle quali il marito è una persona orribile, spesso mi chiedo perché le donne debbano stare con questi uomini se sono così orribili. Anche se la relazione è finita o hai divorziato, non c'è bisogno che tu sia infuriato o arrabbiata. Come sarebbe se lo facessi in un modo diverso, invece che dal trauma e dramma?

Quando guardo agli uomini nel mondo, vedo la loro gentilezza e generosità di spirito, che non abbiamo riconosciuto. Allo stesso tempo c'è confusione riguardo al loro ruolo.

La maggior parte delle donne che conosco vuole uscire e conquistare il mondo, mentre così tanti uomini amano prendersi cura di tutti gli altri. Come sarebbe se fossero disponibili possibilità diverse, rispetto a ciò che dicono i ruoli tradizionali? Le donne che conosco non sono fatte per stare a casa a pulire, cucinare e fare il bucato. Come sarebbe se non ci trattassimo l'un l'altro come se un uomo fosse fatto per fare certe cose ed una donna per farne altre? Come sarebbe se ci onorassimo veramente l'un l'altro e facessimo domande riguardo alla persona con la quale scegliamo di essere in relazione? Scoprendo cosa li rende felici e cosa desiderano scegliere.

Anni fa, dicevo ai miei amici che, se mai fossi finita con qualcuno, avrebbe dovuto accettare che io dicessi: "Ciao amore, parto. Tornerò tra una settimana o quattro settimane.". Ho sempre desiderato continuare a viaggiare, incontrare più persone e cambiare le vite delle persone per strada. Pensavo che se avessi desiderato trovare qualcuno, avrebbe dovuto accettare questo. Mi ricordo che un amico mi ha detto: "Simone, hai bisogno di uno zerbino.". Quel commento mi bloccò per un po'. Perché mi chiedevo se stavo essendo poco gentile.

Ciò che comprendo adesso è che sei poco gentile con il tuo partner se rinunci a te stesso. Sei poco gentile se non sei disposto ad essere tutto ciò che puoi essere, ogni giorno e se desideri la stessa cosa per il tuo partner.

E come sarebbe se potessi avere più di un uomo nella tua vita?

*Non* è ciò che pensi! Ci sono circa cinque uomini nella mia vita che sono un fantastico contributo per me. Brendon è quello col quale ho scelto di vivere, viaggiare e fare sesso. È divertente stargli attorno e prepara pasti stupendi. Creiamo cose fenomenali insieme, inclusa la nostra realtà finanziaria. Facciamo cose come fare continuamente domande riguardo a cosa possiamo aggiungere alle nostre vite. Non dobbiamo per forza fare tutto insieme. Riguarda l'essere un continuo contributo l'uno per l'altro.

Ho altri quattro amici maschi che sono dei contributi enormi per la mia vita in modi diversi. Alcuni di loro viaggiano con me, sia quando c'è, sia quando non c'è Brendon. Abbiamo una comunione e un'amicizia che non ha prezzo per me..

Non prenderei mai in considerazione di escludere altri uomini dalla mia vita, basandomi sulla mia relazione con Brendon. Ma vedo le persone farlo in continuazione. Pensano di dover essere esclusivamente con una persona. Per la maggior parte delle persone, quando cominciano a fare esclusione nella relazione, giungono ad una conclusione e ad una limitazione di ciò che può essere.

Non sto dicendo che vado fuori e faccio sesso con altri uomini. Non scelgo di farlo. Ogni giorno, quando mi chiedo con chi vorrei fare sesso oggi, è sempre Brendon. È una scelta per me e non è basata sulla necessità.

Ho uomini diversi nella mia vita con i quali adoro andare a cena o bere un bicchiere di vino e parlare di creazione. Sono alcuni degli uomini più incredibilmente creativi, intelligenti e brillanti sul pianeta e sono coinvolti in diverse aree della mia vita e del mio business. Sono un contributo per la mia crescita. La mia disponibilità a ricevere da tutti loro crea di più nella mia vita.

Essere una donna, persino una donna forte e dinamica come me, non significa che non permetterò agli uomini di trattarmi come una signora. Uno degli aspetti che amo di avere così tanti uomini gentili e generosi nella mia vita, è che mi trattano come una signora, che sia aprendomi la portiera della macchina o sistemando la sedia per me in un ristorante. Uno di loro mi ha mandato più fiori di Brendon! Non significa nulla.

Non trovo sempre facile ricevere dalle persone che desiderano essere un contributo per me. Mi ricordo, per esempio, di esser stata su un volo con un amico maschio e di aver avuto difficoltà a prendere una borsa dallo scomparto sopra al sedile.

Lui mi disse: "Simone, capisci che se mi chiedessi aiuto, sposterei le montagne per te?".

Se sei qualcuno che è fieramente indipendente, forse ci vorrà un po' di vulnerabilità per chiedere un contributo. Quando lo fai, comunque, ciò che si mostra nel tuo mondo e nel loro, è molto più grande di ciò che potresti immaginare.

# IL DESIDERIO DI SPAZIO

*Brendon*

Una relazione consapevole richiede tre cose:

1. Che contribuiscano economicamente o in altri modi (come facevo quando cucinavo per Simone ogni sera).

2. Che siano bravi a letto.

3. Che lascino fare all'altro tutto ciò che vuole.

Molte relazioni sono basate sul controllo. Riguarda tutto il: "Lui dovrebbe fare a, b e c ed io farò x, y e z.". Se stai cercando il singolo strumento che creerà una relazione migliore per te, lascia che il tuo partner faccia qualsiasi cosa voglia e quando vuole.

Alcune persone lo trovano terrificante, ma abbiamo scoperto che in realtà è piuttosto liberatorio.

Anche lo strumento semplice di dare al tuo partner spazio creerà una relazione migliore per te. Occasionalmente, Simone o io, dormiamo da soli, di sotto nella stanza degli ospiti, solo perché il nostro essere ha bisogno di spazio.

Riconosci quando hai bisogno di spazio o quando lo richiede il tuo partner e non renderti sbagliato. Avrete una relazione più lunga e più felice se siete disposti a permettere a ciascuno di avere spazio e scelta. Dare scelta al tuo partner è una delle cose più di valore che puoi fare. Dai loro scelta e indovina? Non se ne vogliono andare.

Se qualcuno ha bisogno di spazio, è semplicemente la sua scelta e non significa che hai fatto qualcosa di sbagliato o sei stato un cattivo partner nella relazione. C'è stata un'occasione, per esempio, nella quale Simone voleva avere la casa tutta per sé, solo per una notte. Ho guardato immediatamente a ciò che potevo fare per creare quella situazione: Nash ed io siamo andati in campeggio. Siamo stati via per due o tre giorni e ci siamo divertiti molto. In molte relazioni, quando qualcuno chiede spazio, è considerato un problema. Nella nostra, è stata solo un'opportunità per creare di più.

# LA GELOSIA E' UNA DISTRAZIONE

*Simone*

Una notte, non molto dopo esserci messi insieme, Brendon ed io stavamo guardando un film con Cameron Diaz. Non ricordo quale film fosse, ma ricordo di aver detto: "Non è figa? Guarda che gambe.". Brendon mi guardò, senza dire niente. Scoprii che nella sua relazione precedente, non poteva parlare di un'altra donna senza che portasse ad una lite. Se Brendon guardava anche solo con la coda dell'occhio una donna, la sua fidanzata lo accusava di volerla tradire e gli faceva una scenata. Ci sono state molte volte nelle quali lei lo accusava di tradirla anche se lui non lo aveva fatto. Non poteva neanche guardare un film e notare che la donna sullo schermo era attraente, perché il risultato sarebbe stato la terza guerra mondiale.

Ci è voluto un po' per convincere Brendon che non stavo cercando di di fregarlo o attirarlo in una trappola. La gelosia non è reale, è una distrazione. Sii consapevole che se la gelosia viene su, puoi distruggerla e screarla, cambiandola in quello stesso momento.

Adesso che Brendon viaggia intorno al mondo, ci sono molte donne che lo incontrano e che parlano di quanto sia meraviglioso e bello e sono davvero grata che le persone vedano Brendon come io lo vedo tutti i giorni. Sono grata che anche il mondo lo possa avere.

## Capitolo 17 Strumenti

- Anche se ti vedi come una donna forte e dinamica, sii vulnerabile e permetti agli uomini gentili e premurosi nella tua vita di trattarti come una signora.

- Riconosci quando richiedi spazio o quando lo richiede il tuo partner e non renderti sbagliato.

*"Uno strumento che creerà una relazione più grandiosa per te è lasciare che il tuo partner faccia ciò che vuole, quando lo vuole."*

Brendon

# CAPITOLO 18

# Abbiamo già finito?

## Simone

A questo punto probabilmente avrai capito che ho una prospettiva diversa. Per me, la relazione sono due persone diverse che hanno scelto di stare insieme per creare qualcosa che è molto più grande di ciò che ciascuno poteva creare da solo.

Quando quella è la base dello stare insieme è facile riconoscere se la relazione è finita. Questo porta via tutta l'arrabbiatura e l'ansia dalle separazioni. Sfortunatamente, ci sono un sacco di ricerche che mostrano che le persone preferiscono stare in una relazione infelice, piuttosto che stare senza. Questo non ha mai avuto molto senso per me. Se con qualcuno era finita, allora perchè avrei dovuto stare in quella relazione? Quando ero più giovane, avevo delle ottime amicizie con i miei ex fidanzati. Non ci lasciavamo dal trauma e dal dramma; era più da un senso di andare avanti. C'era sempre gentilezza reciproca.

Finire un matrimonio o una relazione non dev'essere depotenziante per nessuna delle due parti. Come sarebbe se portassi una bottiglia di champagne e dicessi: "Ehi, sai cosa? È stato fantastico...".

*Brendon*

Batti il cinque!

*Simone*

Sì, batti il cinque! E: "Abbiamo fatto quello che siamo venuti a fare insieme su questo pianeta? Sì? Grazie mille. Andiamo avanti.".

Molte persone restano in una relazione, perchè stanno cercando la sicurezza. Una relazione non è sicura, né ti tiene al sicuro. Con quante persone sei stato nel passato, con le quali non sei più in relazione adesso? Quindi quanto era sicura quella relazione?

Le persone aspettano finché cominciano a litigare. O aspettano che l'altra persona se ne vada. È raro che due persone riconoscano simultaneamente che la relazione non sta funzionando. Ma ho amici che hanno fatto proprio quello. Hanno scelto di divorziare e hanno fatto tutto il processo con totale facilità ed è stato un contributo per loro ed i loro figli.

Anche se ci sono momenti nei quali le cose non sono facili, continuano a sostenersi nel creare vite incredibili. Condividono l'essere genitori e se hanno bisogno di cambiare i periodi di visita lo fanno senza dover litigare. La mia amica dice: "Il cambiamento non è perdita. Il cambiamento può anche essere creazione.".

## Brendon

Se sei in una relazione che sta finendo e stai divorziando non devi attraversare tutto il trauma e dramma, anche se questo è ciò che viene proiettato verso di te.

Subito dopo che uscii da una lunga relazione, un amico mi disse: "Lo supererai. Ci vorranno solo un paio di anni.".

Comprai quel punto di vista e abboccai completamente. Alla fine mi ci vollero un paio di anni per superare la mia relazione. Fossi stato pragmatico, avrei riconosciuto che semplicemente non volevo più stare in una relazione. Piuttosto che riconoscere questo, creai tristezza e turbamento dal fatto che fosse finita.

È la stessa cosa con la rottura di un matrimonio. Le persone ti diranno: "Dovrebbe essere così. Ti farà male per questo periodo di tempo. Dovrai attraversare questo. Accadrà questo.". Quando ti bevi il punto di vista di qualcuno, come se fosse vero e reale per te, quello è esattamente ciò che creerai.

### Simone

Se la tua relazione non sta funzionando per te, allora guarda a cosa dovrebbe cambiare, in modo che *possa funzionare* per te. Datti dello spazio, magari andando a fare una camminata sulla spiaggia o nel bosco. Rifletti su otto cose specifiche che l'altra persona dovrebbe cambiare, in modo tale che la vostra relazione fosse basata su gentilezza, cura amorevole, nutrimento, allowance, scelta e possibilità.

Scrivi quelle otto cose. Non metterle sul frigorifero, non dirle al partner e non esigere che lui o lei cambi per adeguarsi a te. Questo riguarda il *tuo* avere chiarezza sulla relazione che desideri.

Adesso guarda a quelle otto cose che hai scritto. Il tuo partner può farle? Sono cose possibili, o sarebbe come chiedere ad un leopardo di cambiare le sue macchie? Forse ci sono cinque di quelle otto cose, o una sola, o magari tutte e otto che possono essere cambiate. Sii brutalmente onesto. Se sei di quelle cose possono essere cambiate e le altre due non possono, quello funzionerà per te?

Vedo così tante persone che hanno già deciso che devono stare insieme, infelicemente per il resto delle loro vite. Con quella conclusione hanno ucciso le loro possibilità future. Se stai facendo questo, stai creando una vita limitata e contratta, piuttosto che un futuro espansivo. In verità, potresti separarti e ri-sposarti dopo cinque anni. Tutto può succedere.

### Brendon

Se hai una relazione che non è più divertente, non significa che devi buttarla via. Le persone spesso dicono: "Beh, questa relazione non funziona. Lui non fa ciò che voglio. Lei non sta facendo quello che voglio. Allora butterò via là relazione.".

Ogni mattina, prenditi del tempo per distruggere e screare la relazione con il tuo partner, così cominci la giornata con la mente pulita e una minor quantità di fardelli.

Chiediti ogni giorno: " Voglio stare ancora in questa relazione?". Se ricevi un no, non vuol dire che devi interrompere la relazione e andartene. Fai più domande: "Cosa ci vorrebbe per cambiare questo? Desidero cambiarlo?".

Sii onesto e vulnerabile con te stesso, perché una relazione è qualcosa che crei tutti i giorni.

Vedo così tante persone che hanno aspettative e proiezioni di sé stessi e l'uno dell'altro in relazione. Se siete disposti a non avere aspettative o proiezioni l'uno dell'altra, la vostra relazione diventerà mille volte migliore. Solo questa piccola informazione creerà un cambiamento drastico.

Un esempio del non avere aspettative è come Simone non si aspetta gesti romantici da me, come mandarle dei fiori. Quest'anno a San Valentino, ero in Australia; lei era a Denver, in Colorado. Le ho mandato un enorme mazzo di fiori, ma solo per divertimento. Lei li ha adorati. Io non stavo cercando di dimostrare niente. Ma quante persone recitano come se dovessero dimostrare il loro amore, così l'altra persona può essere sicura nella relazione? Non funziona. Se devi dimostrare qualcosa nella tua relazione, allora hai già deciso che qualcosa non va.

Spesso, qualcuno decide che o loro stessi sono sbagliati, o l'altra persona è sbagliata. In realtà è solo un giudizio e il giudizio è uno degli assassini della relazione. Non riuscirei ad avere una relazione con qualcuno che mi giudicasse e mi rendesse sbagliato.

## Capitolo 18 Strumenti

- Ogni giorno chiediti: "Desidero stare in questa relazione?". Se ricevi un no, non significa che devi interrompere la relazione. Fai più domande: "Cosa ci vorrebbe per cambiare questo? Desidero cambiare questo?".

- Non avere alcuna aspettativa o proiezione l'uno dell'altro renderà la vostra relazione mille volte migliore! Prova e osserva cosa si mostra.

*"Finire un matrimonio
o una relazione non
dev'essere depotenziante
per nessuna delle parti."*

Simone

# CAPITOLO 19

# E ora cominciamo...

*Brendon*

Hai mai avuto qualcuno nella tua vita con il quale speravi di essere più vicino, ma non importa ciò che facessi, non ci riuscivi? Potevi avvicinarti abbastanza a loro, ma non troppo vicino?

Questo è uno scenario abbastanza comune ,non solo nelle relazioni, ma in tutte le aree della vita. Ciò che facciamo è creare una distanza comoda tra noi e chiunque altro. Manteniamo questa distanza sicura, perché abbiamo deciso che altrimenti non avremmo lo spazio di noi, o che chiunque finirebbe per conoscere i nostri segreti e quella sarebbe una cosa cattiva.

Quando ho cominciato a facilitare la classe di Scelta delle Possibilità di Access in giro per il mondo, finalmente ho capito cosa intendeva Gary quando diceva: "Non sarai più in grado di avere segreti.".

Per facilitare queste classi, ho dovuto far cadere tutte le mie barriere ed essere totalmente vulnerabile.

Non era così che ero abituato a vivere la mia vita. Nel passato, ero abituato a distanziare, come modo per creare separazione nelle mie relazioni. O creavo la distanza comoda con qualcuno, o loro la creavano con me. E la mantenevamo entrambi.

È come avere la porta sul retro sempre aperta, così puoi scappare o uscire dalla relazione in ogni momento. Non ti impegni mai pienamente con l'altra persona. Se non ti impegni mai con loro, non ti impegni mai con te e con la *tua vita*.

La distanza comoda non è logica o lineare. Non è cognitiva o ovvia. Quindi se ti accorgi che hai creato una distanza comoda tra te e qualcuno o qualcosa, per favore comincia a fare domande a riguardo. Lo scopo di fare domande non è di ottenere risposte, ma di ottenere una consapevolezza, così da cambiare qualunque cosa stia accadendo.

Ciò che ho compreso è che avevo usato la distanza comoda, in modo tale da non dovermi mostrare al mondo. Mi mostravo un pochino, ma mantenevo la maggior parte di me nascosta.

Nascondevo tutto ciò che ero veramente in grado di fare, così le altre persone non mi avrebbero giudicato e non avrebbero pensato che ero pazzo.

Hai mantenuto una distanza comoda tra te ed il tuo partner, o tra te ed il tuo business? Hai creato una distanza comoda tra te ed il denaro? Prendiamo così tante decisioni riguardo a cosa significhi avere molti soldi, che dovremmo darli via, o che non sapremmo cosa farcene. Creiamo distanza comoda tra noi e il denaro che diciamo di desiderare.

## CAOS E L'AVVENTURA DEL VIVERE

*Simone*

*Come sarebbe se ogni momento che passassi in relazione fosse una scelta?* Sarebbe come andare in una vacanza nella quale nulla fosse pianificato e non ci fosse ordine nella tua giornata. Ti sveglieresti semplicemente ogni mattina e sceglieresti di divertirti e l'avventura del vivere. Questo è funzionare dalla scelta nella vita e nella relazione.

Abbiamo frainteso il caos come una cosa cattiva e l'ordine come una cosa buona. In realtà, il caos creerà una relazione che è sempre in espansione, che non si contrae mai e che crea sempre possibilità maggiori con ogni scelta che fai.

Abbiamo tutti visto relazioni nelle quali ogni cosa è basata sul trauma e dramma, urli e grida, confusione e arrabbiature. Quello è scompiglio, non è caos.

Caos è l'energia creativa di tutte le possibilità. Caos è la domanda. Il caos creerà una relazione che dona sempre scelte infinite e possibilità infinite, che tu sia single o sposato, che tu pensi di voler essere fuori dalla relazione o in una relazione, instillare il caos ti porterà alla vera scelta.

Non devi essere come chiunque altro.

La relazione che funzionerà per te non è necessariamente quella dei tuoi genitori. Non è quella dei tuoi migliori amici. La relazione che funziona per te è quella che scegli e, se sei disposto ad instillare il caos, sarà più grandiosa.

Non è difficile instillare il caos. Tutto ciò che devi fare è chiedere. Ecco qui alcuni esempi:

- Quanto caos devo instillare per avere scelte oltre a questa realtà?

- Come sarebbe se instillassi il caos nella mia relazione?

- Quale caos posso instillare per creare il sesso che espanda la mia vita?

Se sei disposto ad instillare il caos, non potrai sapere cosa accadrà in seguito. La tua relazione non sarà più ordinata, automatica e prevedibile (cosa che comunque è così noiosa).

Ci è stato insegnato a vivere una vita ordinata, dove facciamo del nostro meglio per adeguarci e cerchiamo di non svettare troppo. Ordine è cercare di far funzionare tutto. Hai mai avuto l'esperienza di vedere qualcuno attraverso una stanza affollata ed avere una pulsione irresistibile di parlargli? Se inciampi per raggiungere qualcuno, il mio avviso è di scappare, perché hai già cominciato ad instillare l'ordine di che aspetto deve avere la tua relazione, anche prima di scambiare due parole con quella persona. Quando decidi che ogni cosa deve essere in un certo modo, impedisci alla tua relazione di cambiare. L'ordine non ha niente a che fare con la creazione. Con l'ordine limiti le possibilità che possono mostrarsi.

L'ordine riguarda stare insieme 'fin che morte non ci separi'. L'ordine è pianificare ogni cosa nella tua vita fino al più piccolo dettaglio. Nel sesso, l'ordine è l'idea che lui deve fare questo, lei deve fare quest'altro. Oppure: è mercoledì sera, momento del sesso, piuttosto che fare sesso quando è divertente.

L'ordine della famiglia è un luogo nel quale molti di noi sono stati definiti e limitati. Quante famiglie ti incoraggiano ad essere grandioso? Non vedo molte famiglie che sono incoraggianti ed entusiastiche perchè tu sia te stesso. In genere la famiglia vuole metterti in una scatola piuttosto che incoraggiarti ad essere il caos di te.

Come sarebbe se il caos riportasse la gioia nella relazione? Come sarebbe se il caos riportasse la gioia nel sesso? E se tutto il divertimento che hai sperato che la tua vita potesse essere fosse incarnato dal caos che realmente è la tua vera possibilità?

Il caos non è giusto e l'ordine non è sbagliato. Ciò che è richiesto è coerenza tra l'ordine ed il caos, così da avere un senso di facilità e possibilità con ogni cosa nella vita, inclusa la relazione.

## GIOCARE CONTINUAMENTE CON LE POSSIBILITÀ

*Simone*

Il dono più grande che puoi fare alla persona con la quale sei in relazione è la scelta.

Un anno o due fa ho avuto una consapevolezza di voler vivere in Europa per circa sei mesi. Quando ne ho parlato con Brendon lui ha detto, mezzo scherzando: "Sì e contribuirai ancora al mutuo?".

Brendon non ha cercato di trattenermi o di dire: "Non puoi andare in Europa, perché sei in

relazione con me e io devo restare in Australia.".
Se desideravo vivere in Europa lui era disposto a
che io me ne andassi.

Non riguardava neanche il lasciarsi. O che dovessi
scegliere tra lo stare con Brendon e Nash e andare
in Europa per qualche mese. Quanto spesso vedi le
persone fare le loro scelte basandosi sulla reciproca
resistenza? È come dire: "Tu l'hai fatto e allora lo
farò anch' io.".

Ogni scelta che Brendon ed io facciamo è un
onorare noi stessi e l'un l'altro. In Access è chiamato
funzionare dal Regno di Noi. Guardiamo ad ogni
scelta e a cosa creerà nella nostra relazione.
Facciamo domande come: "Se scegliamo questo,
come sarà la nostra relazione?".

Non farei mai una scelta contro Brendon. Il Regno
di Noi è come includi gli altri attorno a te e anche
come scegli per te. Non elimini te stesso o ciò che
desideri, cosa che un sacco di persone sembrano
fare in relazione. Hai scelta continua e continua
vulnerabilità, così puoi essere grandioso quanto sei
e l'altra persona può essere grandiosa quanto lo è.

Ora, non sono ancora andata a vivere in Europa.
Ma quell'idea mi ha condotta ad altre discussioni
riguardo al nostro futuro. Giochiamo continuamente
con le diverse possibilità. Stiamo investendo in un

antico e magnifico castello in Italia, che sta venendo restaurato e trasformato in un boutique hotel. Forse tra un paio d'anni avremo un posto in Spagna o nel sud della Francia. Chi sa cosa si mostrerà? Quando ti permetti la vera scelta, creerà sempre di più per te e per la tua relazione, anche se può sembrare che tu stia agitando le acque.

# LA SCOMODITÀ DELLA CONSAPEVOLEZZA

*Brendon*

In molte aree della vita ci sono volte nelle quali le cose diventano scomode, ma spesso qualcosa di molto più grande è subito dietro l'angolo.

Secondo la mia esperienza, ogni volta che sono arrivato ad uno spazio scomodo dal quale prima avevo cercato di scappare, ho cominciato a chiedermi: "Come sarebbe se semplicemente stessi con questo? Come sarebbe se insistessi nello stare qui?". Ciò che rende comoda una cosa buona e scomoda una cosa cattiva è il nostro punto di vista. E buono e cattivo sono giudizi.

La prima volta che ho co-facilitato la Scelta delle Possibilità di Access con Gary a Mumbai, in India, ero così scomodo da essere sudato fradicio. Appena ho potuto, durante la prima pausa, sono andato in camera e mi sono versato qualcosa da bere. Dopo un po', mi sono calmato abbastanza da usare alcuni strumenti ed ho avuto più chiarezza. Una delle domande che mi sono fatto è stata: "Che cosa è vero per me qui?", che mi ha fatto capire che avevo varie scelte. Potevo andarmene, o tornare nella sala ed essere me stesso. Non dovevo essere come Gary e non dovevo facilitare come Gary. Quindi dopo la pausa sono tornato in classe e sono stato me stesso e tutto è diventato più facile.

Che sia nella relazione o in un'altra area della tua vita, che cosa hai deciso essere troppo scomodo per te da scegliere?

In questi giorni sono raramente a mio agio. Questo non vuol dire che rinuncio all'agio del mio corpo. Al mio corpo piace il comfort: bei vestiti, buon cibo e lo sci d'acqua, per esempio.

Per me in quanto essere, so che ogni volta che percepisco scomodità, c'è qualcosa di più oltre alla scomodità. È sempre più grandioso dall'altra parte.

Posso dire un milione di cose riguardo a questo e comunque quando cogli questa consapevolezza per te, ce l'avrai per sempre. Quando arrivi al luogo scomodo che ti fa venir voglia di girarti e scappare dall'altra parte, riconosci quell'energia.

Come sarebbe se invece di dire: "È troppo difficile.", questa volta fossi disposto a fare qualsiasi cosa sia che ti rende scomodo?

Questo riguarda l'avere più scelta. Quando non c'è distanza comoda tra te e chiunque altro, si rendono disponibili più scelte per te. Se vuoi una relazione diversa, devi scegliere qualcosa di diverso. Non puoi fare la stessa cosa ogni giorno o fare una piccola scelta ed aspettarti che tutta la tua vita sia diversa. Devi letteralmente fare scelte diverse e non deve essere difficile.

## NON ESISTE LA PERSONA GIUSTA

*Simone*

Non devi essere fortunato in amore. C'è una differenza tra creare una relazione basandoti su ciò che desideri e crearne una basata su ciò di cui pensi di aver bisogno e che richiedi. Qual'è la tua scelta con la relazione?

Ogni persona ha qualcosa di diverso che vorrebbe creare nella vita. Ovviamente, qualunque cosa tu desideri deve funzionare per la persona con la quale scegli di essere in relazione. Ad esempio, il mio desiderio è di viaggiare per il mondo e di facilitare le classi di Access Consciousness. Viaggio circa nove o dieci mesi all'anno. A volte viaggio con Brendon e a volte viaggio da sola. Il mio desiderio e la mia esigenza è che gli strumenti di Access Consciousness siano là fuori nel mondo ed avere più consapevolezza sul pianeta è per me una grande priorità. Se Brendon fosse stato qualcuno che avesse detto: "No, voglio che tu stia a casa, ti prenda cura di nostro figlio, cucini e faccia il bucato." la nostra relazione non avrebbe funzionato.

La disparità in ciò che desideri deve creare le relazioni disparate che hai. Magari non sarà congruente con questa realtà. Quante persone creano la relazione come un completamento, come la scatola nella quale vivere? Scelgono di sposarsi, comprare una casa, avere dei figli, prendere un cane e tutto finisce lì. Poi cominciano a mantenere la conclusione che hanno creato, piuttosto di creare continuamente la relazione.

Molte persone creano una relazione che sia congruente alle proiezioni di ciò che la società dice che le relazioni dovrebbero essere. Non dovresti essere felice una volta che trovi La Persona Giusta e ti sposi? Sai cosa? Non esiste La Persona Giusta!.

Anni fa, mi ricordo di aver sentito per caso mia madre parlare a qualcuno di me e dire: "Oh, sarà felice quando troverà La Persona Giusta.". Sul serio? Ero già una delle persone più felici che conoscevo.

Ma quante persone giudicano che felicità significhi trovare La Persona Giusta, il matrimonio, i figli, un cane e una casa con la staccionata? Ora, puoi avere quello come una scelta, non c'è bisogno che tu vi resista, ma non equivale alla felicità. Svegliarti la mattina e scegliere di essere felice è ciò che crea la felicità. Come sarebbe se fossi disposto a creare la tua relazione in modo che sia in creazione costante? Quella è totale differenza rispetto a come la relazione è fatta in questa realtà.

L'amore non riguarda la fortuna. Penso che amore in realtà significhi equivalenza oscillazionale che vibra più in basso (parole che in inglese formano l'acronimo della parola love, N.d.T.). Così, molte persone creano questo luogo nel quale sono altamente creative e non nel bisogno e poi incontrano qualcuno che pensano sia fantastico. Allora decidono di oscillare in sintonia con la vibrazione dell'altra persona. Come sarebbe se potessi avere due persone in relazione che sono in costante creazione e che comunque non debbano essere congruenti l'uno con l'altro? Piuttosto spesso Brendon ed io siamo in due parti opposte del mondo e siamo comunque in comunione l'uno con l'altro. Ci potenziamo reciprocamente nello scegliere tutto ciò che l'altra persona potrebbe desiderare scegliere e anche di più.

È un luogo costante di gratitudine e di essere i cinque elementi dell'intimità.

*Brendon*

Abbiamo chiamato questo libro: *'Relazioni: sei sicuro di volerne una?'* così le persone avrebbero guardato a cosa desiderano creare nella vita. Non tutti vogliono una relazione: non è una cosa scontata. Se desideri una relazione fenomenale, comincia a scegliere e ad usare tutti gli strumenti di cui abbiamo parlato in questo libro.

La creazione inizia con le scelte. Quanto spesso senti qualcuno dire: "Non posso credere che mi sia successo questo!". L'ho detto anche io. Nulla ti accade mai, la crei tu con le scelte che fai. Tutto ciò che si è mostrato nella tua vita è il risultato delle tue scelte.

Una cosa che devi cogliere è che non c'è niente di sbagliato in te e non esiste una scelta sbagliata. Potrei dire che faccio scelte sbagliate tutto il tempo e comunque non sono scelte sbagliate. Perché? Perché mi danno consapevolezze. A volte le cose non vengono fuori nel modo in cui ho deciso che dovrebbero! Questo non rende la mia scelta sbagliata. Riconosco: "Wow, non ha funzionato. Adesso cosa posso scegliere?". Ogni volta che scegli, riceverai consapevolezza sulla direzione nella quale vorresti che andasse la tua vita.

*Allora adesso, chi sceglierò di ESSERE?*

# Simone Milasas

 Simone Milasas è un'autrice di best seller, oratrice rinomata, imprenditrice e fondatrice della *Gioia del Business*, un programma che guida gli imprenditori nel mondo a creare maggiore benessere e felicità. Una signora che sa come essere donna, Simone vede continuamente la gioia delle possibilità e del futuro e riconosce le prospettive delle possibilità in ogni scelta. Come Coordinatrice Mondiale di *Access Consciousness*® negli ultimi diciotto anni, Simone ne è stata cruciale per la crescita da un'organizzazione presente in quattro paesi, ad una sconcertante presenza in 176 paesi al mondo. Oggi, è la Coordinatrice Mondiale del Business per Access Consciousness® nonché una dei leader dell'organizzazione *Actions for Futures*. Un'investitrice saggia e dinamica, Simone è co-proprietaria del Castello di Casalborgone in Italia, della Antique Guild in Australia e di un eco-

resort in Costa Rica. Attualmente viaggia per il mondo facilitando numerose classi, *Relazioni: un modo diverso, La Gioia del Business* e *Scelta delle Possibilità*, che la rendono una delle facilitatrici mondiali di spicco di Access Consciousness®. Ospita anche un podcast settimanale, *The Art and Industry of Business and Living*, disponibile su iTunes.

Simone è sempre presente sui media, come Fox News, Forbes, GQ e Mind Body Green. È l'autrice di *La Gioia del Business* e del best-seller *Uscire dal debito Gioiosamente*, tradotto in molte lingue. *'Relazioni: sei sicuro di volerne una?'*, scritto con Brendon Watt, è il suo terzo libro.

Trovi più informazioni su Simone qui www.simonemilasas.com

# Brendon Watt

Brendon Watt è un oratore, imprenditore e un mentore per la vita ed il business. È uno dei facilitatori di punta di Access Consciousness®, un insieme di strumenti semplici ma profondi che trasformano vite in 176 paesi ed è facilitatore di molti programmi speciali di Access Consciousness®, inclusi Access Bars®, Genitori Consapevoli Figli Consapevoli e La Gioia del Business.

Crescendo, Brendon ha sempre riconosciuto la differenza in sé stesso, ma ha passato tutto il tempo cercando di adeguarsi ed essere uguale a chiunque altro. Dopo decadi di conformità, stava facendo fatica con i soldi e vivendo in una piccola stanza in casa di sua mamma con suo figlio di quattro anni. Dopo aver scoperto gli strumenti pragmatici di Access Consciousness, Brendon fece la scelta di cambiare la sua vita per il meglio. Oggi è felice con un portafoglio azionario in piena salute e viaggia regolarmente, condividendo e facilitando gli strumenti che hanno cambiato la sua realtà.

Nella sua trasformazione, da piastrellista e padre single che lotta per i soldi, ad un oratore di fama mondiale e Responsabile Finanziario, Brendon facilita classi e seminari intorno al mondo, potenziando altre persone nel sapere che non sono sbagliate, che tutto è possibile e che sono solo ad una scelta di distanza dal cambiamento. È presente sui media in tutto il mondo, condividendo la sua opinione esperta sul business, la genitorialità e le relazioni, inclusi INC, Fox Houston, Channel 9's Today (Australia), Mumbai Mirror e Good Men Project. Puoi trovare Brendon ogni settimana sul suo podcast "One Choice from Change", disponibile su iTunes.

*Relazioni: Sei Sicuro di Volerne Una?* È il primo libro di Brendon.

Rimani aggiornato con le classi di Brendon su www.brendonwatt.com

# Per saperne di più su Relazioni - Sei sicuro di volerne una?

C'è molto altro possibile! Esplora il corso online di Brendon e Simone su Kajabi, ottieni nuovi strumenti sulle relazioni, recapitati sulla tua casella di posta e crea una Relazione fatta in Modo Diverso cliccando su **www.relationshipareyousureyouwantone.com**

Le classi Relazioni: Un Modo Diverso sono offerte in giro per il mondo. Trova una classe vicino a te su **www.relationshipsdonedifferent.com**

CPSIA information can be obtained
at www.ICGtesting.com
Printed in the USA
LVHW020335120122
708315LV00015B/420